# 安徽省金融科技发展报告

# (2018)

安徽省互联网金融协会
合肥工业大学经济学院　编著
安 徽 大 学 经 济 学 院

合肥工業大學出版社

# 编 委 会

# 序

当前，以数字技术为驱动的新经济正在深刻改变世界的发展格局。随着科技与产业的高度融合和深度叠加，经济发展的新业态和新模式在过去三十年间实现了对超过百年积累传统工业的全面超越，逐渐实现全球经济由单级化向多极化的转变，以中国为代表的发展中国家在全球经济中扮演着越来越重要的角色。金融业也在与数字技术深度跨界耦合，以大数据、云计算、人工智能和区块链为代表的数字技术正在引领着新的金融革命，扩展了金融行业的边界，重构了金融产业链和应用场景，为金融产业带来了全新的发展机遇。安徽省作为中部地区省份和传统金融的落后地区，能否抓住新经济的发展机遇，在金融业颠覆性的冲击浪潮中迎头赶上，其关键在于金融科技的发展和应用。

金融科技（FinTech）概念的提出不过短短十余年，但其已经迅速对整个金融行业产生了深刻的影响，在金融服务途径、应用场景、资源组织形式等方面带来了颠覆性的革命，科技逐渐成为金融发展的主要推动力，而金融机构与科技公司之间的边界也越来越模糊。数字技术在金融领域的应用大幅降低了交易成本和门槛，丰富了金融市场的参与主体，提高了金融市场的运营效率，促进了金融普惠和多元化投资途径的发展，帮助实现了我国支付结算等领域在国际市场的领先地位，展现出了广阔的市场前景和发展潜力。2019 年 9 月，中国人民银行正式发布的《金融科技（FinTech）发展规划（2019—2021 年）》，进一步强调了发展金融科技在增强人民群众对数字化、网络化、智能化金融产品和服务的满意度，以及建设国际领先水平的金融市场中的重要性。

金融科技的迅速发展带来的新风险同样不容小视，金融科技在业务层面渗透率的逐步提升要求监管层面的快速跟进。2017 年 5 月中国人民银行成立金融科技委员会，旨在加强金融科技工作的研究规划和统筹协调。与此同时，大数据、人工智能、云计算、区块链等数字技术同样被应用于金融监管，“监管科技”逐渐成为金融科技发展的一个重要分支，监管者不仅要关注金融科技发展过程中的风险，更要主动地将金融科技应用、服务于金融监管。

聚焦安徽，金融科技的发展同样令人瞩目。一批掌握大数据、人工智能和区块链等关键技术的科技服务公司不断强化在金融领域的融合与应用，取得了不俗的成绩，相关业务范围覆盖全国。银行、证券、保险等持牌金融机构纷纷发力金融科技，从安徽省农金系统的“金农易贷”和徽商银行的“徽常有财”在移动银行领域取得成功，到国元证券的“国元点金”和华安证券“徽赢 APP”的成功升级，再到国元农业保险“GIS 系统”的顺利上线，都表明了安徽持牌金融机构在金融科技的投入水平不断提高并已经形成了具有竞争力的核心技术和产品。同时，中国科学技术大学、合肥工业大学、安徽大学、安徽财经大学等高等院校纷纷结合自身特点，开设了多层次、专业化的金融人才培养专业，也为安徽金融科技的发展提供人才支撑。

当前，安徽省金融科技快速发展的趋势已经形成，科技推动发展成为安徽省金融行业的主旋律，让我们共同期待安徽省金融科技在未来取得更好的成绩！

# 前　　言

《安徽省金融科技发展报告（2018）》是在安徽省地方金融监督管理局、中国人民银行合肥中心支行、中国银行业监督管理委员会安徽监管局、中国保监会安徽监管局、中国证券监督管理委员会安徽监管局等金融管理部门的指导下，由安徽省互联网金融协会牵头，合肥工业大学经济学院和安徽大学经济学院共同编写完成。

近年来，随着数字技术在金融领域的应用和推广，金融科技已经成为金融行业发展与创新的关键技术和重要驱动力，在全球范围掀起了金融科技的研究热潮。本项目组在报告撰写期间实地走访调研了20余家安徽省内金融机构、相关单位以及省外互联网金融机构，搜集整理了大量的资料，并多次与安徽省地方金融监督管理局、中国人民银行合肥中心支行、中国银行保险监督管理委员会安徽监管局、中国证券监督管理委员会安徽监管局等金融管理部门进行探讨沟通，以期系统地描述和梳理2018年安徽省金融科技的主要发展环境与状况，归纳总结相关问题与挑战，并对金融科技未来的趋势与前景进行展望，从而为监管部门、从业机构、金融人才培养机构和社会公众深入了解安徽省金融科技发展情况提供数据支持和资料参考。

本报告全文在吴华清教授的直接指导下完成，各篇的编写具体分工如下：第一章由吴华清撰写；第二章、第三章由周志翔、马袁飞撰写；第四章由张姗姗撰写；第五章由周志翔、邵周健撰写；第六章由王天奇撰写；第七章至第八章由陈燕玲、杨璐撰写；第九章由吴华清、周志翔撰写。

限于作者水平及时间，报告中的不足和错误在所难免，敬请读者批评指正。

安徽省互联网金融协会

2019年7月

# 目　　录

# 第一章　绪　　论

## 第一节　金融科技的概念和内涵

金融科技英译为 FinTech，是 Financial Technology 的缩写，可以简单理解成为 Finance（金融）＋Technology（科技），指通过利用各类科技手段创新传统金融行业所提供的产品和服务，提升效率并有效降低运营成本。近年来以大数据、云计算、人工智能、区块链以及移动互联网技术为引领的新的工业革命与科技革命，导致了金融学科的边界、研究范式不断被打破和被重构，产生了大量本质上区别于商业银行、保险公司、证券交易所等传统金融机构的各类新模式，具备根本上的颠覆性，这符合经济学家约瑟夫·熊彼特所提出的“破坏式创新”的含义。金融稳定理事会（Financial Stability Board，FSB）将金融科技定义为：“技术带来的金融创新，它能创造新的业务模式、应用、流程或产品，从而对金融市场、金融机构或金融服务的提供方式造成重大影响。”

金融科技的成长带动了金融行业的快速发展，使其仿佛在一夜之间成为全球范围内学者和金融机构最关注的研究话题。但究其发展历史，根据中国银行业协会首席经济学家巴曙松的归纳，大致可以分为三个发展阶段。

第一个阶段可以界定为金融 IT 阶段，或者说是金融科技 1.0 阶段。在这个阶段，金融行业通过传统 IT 的软硬件的应用来实现办公和业务的电子化及自动化，从而提高业务效率。这时候 IT 公司并没有直接参与公司的业务环节，IT 系统在金融体系内部是一个很典型的成本部门，现在银行等机构中还会经常讨论的核心系统、信贷系统、清算系统等，均为这个阶段的代表。

第二个阶段可以界定为互联网金融阶段，或者叫金融科技 2.0 阶段。在这个阶段，主要是金融业搭建在线业务平台，利用互联网或者移动终端的渠道来汇集海量的用户和信息，实现金融业务中的资产端、交易端、支付端、资金端任意组合的互联互通，本质上是对传统金融渠道的变革，实现信息共享和业务融合，其中最具代表性的为互联网的基金销售、P2P 网络借贷、互联网保险等。

第三个阶段是金融科技 3.0 阶段。在这个阶段，金融业通过大数据、云计算、人工智能、区块链这些新的 IT 技术来改变传统的金融信息采集来源、风险定价模型、投资决策过程、信用中介角色。这样可以大幅提升传统金融的效率，解决传统金融的痛点，其代表性技术应用是大数据征信、智能投顾、供应链金融等。

早在20世纪90年代，就有学者提出了“金融科技”的概念，其定义和内涵在过去近30年的时间内不断获得更新和变化，实际上“金融科技”的核心是“科技”的发展水平。在不同时期和发展阶段，“金融科技”的定义和内涵由当时的信息技术水平所决定，当前中国“金融科技”的发展已经迅速跨越第一阶段并进入了第二阶段和第三阶段。

## 第二节　安徽省金融科技创新能力发展现状

本报告通过广泛的数据收集和资料整理，总结发现当前安徽省金融科技创新发展具有以下特征：第一，科技力量雄厚，部分技术能力全球领先。安徽是创新强省，省内汇聚了大量实力强劲的科研机构和企业，积累了扎实的技术基础，其中以科大讯飞为代表的高新科技企业更是在智能语音和人工智能技术领域长期占据全球领先的位置；第二，金融背景较差，金融机构创新能力较为薄弱。作为中部省份，安徽省内金融产业规模和实力距离发达沿海地区以及长三角其他地区有较大的差距。受制于人才和资金投入规模，各金融机构的独立研发能力较差，对外部技术力量依赖程度较高，大量采用外包、外协和合作的金融科技开发应用模式。第三，政策支持引导，金融科技发展潜力较大。安徽省各级政府为支持科技金融行业发展提供了一系列的支持政策，全国领先的智慧城市建设也为未来金融科技的发展提供了较好的平台基础，打开了发展空间。

## 第三节　安徽省金融机构科技发展现状

第一，传统金融机构发力科技金融。近年来，安徽省内以徽商银行和安徽省农村信用社联合社为代表的商业银行，以国元证券和华安证券为代表的证券公司和以国元农业保险为代表的保险公司纷纷向金融科技发力，将金融科技作为重要的驱动能力，从资源、人才、组织机构设置等方面同时出发，支持金融科技的开发和应用，并取得了一系列成果。第二，特色型科技企业发展亮眼。省内科技公司如科讯金服、科讯嘉联、薪火科技等围绕大数据、语音人工智能和区块链等核心技术，在各自的金融科技细分领域取得了亮眼的成果，获得了行业的认可，并在金融领域有了一定的应用和推广。第三，规模劣势明显。全国性的金融机构大多将研发和创新业务集中于总部，而安徽省本土的金融机构和科技公司规模有限，在金融科技创新发展中具有较为明显的规模劣势，单位产品的研发成本高于同类机构。

## 第四节　安徽省金融科技在金融监管及普惠金融的发展现状

第一，行业协会协助金融监管。安徽省积极发挥行业协会作用，鼓励成立行业协会协助金融监管，以安徽省互联网金融协会为代表的行业自律组织通过构建大数据平台和定期信息报送通道在金融监管中扮演了重要的角色。第二，机构服务普惠金融意愿强烈。安徽省内金融机构社会意识强烈，积极推动普惠金融和精准扶贫工作，借助金融科技工具取得了一系列创新成果。

## 第五节　安徽省金融科技人才培养现状

第一，金融科技人才规模较大但高端人才供给不足。安徽省是教育大省，高校人才培养规模庞大，在数量上能够满足省内金融机构的用人需求。但人才质量上有明显短板，在金融人才培养上存在本科生多而研究生少、专门型人才多而复合型人才少、理论知识强而应用能力差等不足。第二，政府和金融机构人才培养和引进有待加强。相比较于金融发达地区和长三角其他地区，安徽省对金融人才的引进力度远远不够，省内金融机构自身对于人才培养的意识不强，应对人才流失的措施不足。

# 第二章　大数据技术及其在金融行业的应用

现代社会是一个信息化、数字化的社会，尤其是随着互联网和物联网技术的普及，数据资源规模呈几何增长，同时作为一种特殊的资源，数据也成了必不可少的生产要素。相比较于其他行业，金融业具有数据量大，金融数据逻辑性强，要求更高的实时性、安全性，结构化数据占比高，应用场景广泛以及潜力大等特点。因而依靠大数据技术对金融数据进行挖掘和分析，并与传统金融服务相结合，成为金融科技发展的热点方向和热门领域。

## 第一节　大数据技术的定义和内涵

对于“大数据”的概念目前来说没有一个明确的定义，但是对“大数据”的理解都有一个普遍的共识，即“大数据”的关键是在种类繁多、数量庞大的数据中，快速获取信息。从“数据”到“大数据”，不仅仅是数量上的差别，更是质量上的提升。传统意义上的数据处理方式包括数据挖掘、数据仓库、联机分析处理等，而在“大数据时代”，数据已经不仅仅是需要分析处理的内容，更重要的是人们借助专用的思想和手段从杂乱、繁复的数据中，收集、整理和分析数据足迹，以支撑社会生活的预测、规划和商业领域的决策支持等。随着我国金融行业的发展与进步，金融活动所产生的数据种类越来越丰富，大量非结构化数据得以收集并用于大数据分析，例如金融客户的消费行为与习惯、风险的偏好和承受能力等。不同于传统的结构化数据，大数据时代收集的非结构化数据往往是多维、不完整甚至是以多媒体等形式呈现的，这要求使用专业的技术手段来挖掘出其中的有效信息。

“大数据”具有 5“V”特征，即 Volume（容量大）、Variety（种类多）、Velocity（速度快）、Value（低价值密度）和 Veracity（真实性）。Volume 意指大数据巨大的数据量与数据完整性，这主要得益于科技手段、存储方式等的发展。金融业是数据密集型产业，对数据依赖性强。以银行为例，100 万元的创收平均会产生 130GB 的数据。大数据的多样性意味着要从海量、多样的数据中发现数据之间的内在关联。传统的金融机构不断拓展互联网业务、远程业务办理以及无人营业网点等现代金融科技的应用，金融行业半结构化和非结构化数据占比快速增长，数据的多样性不断丰富。Velocity 除了表明信息的收集速度之外，还表现在对信息的分析、处理存储等方面的速度，实现对大量数据的分析处理和最终的预测；最关键的一个特点就是大数据的价值密度低，意味着从海量、多样的数据中寻找其中含有量极少的有价值的东西。这就需要利用“大数据技术”，从 ZB、PB 级别的数据中，提炼出有价值的东西，将信息转化为知识，最后利用知识指导决策和行动。

“大数据技术”是指如何高效地采集、存储大量数据，然后通过数据分析与数据挖掘技术从中提炼有效的信息，服务乃至驱动生产生活。大数据技术综合了信息科学中的统计学、数据库、数据挖掘、信息检索、机器学习、模式识别、自然语言处理等领域中与采集、处理、分析数据相关的方式和方法。

随着数据的爆炸式增长和信息技术的发展，大数据技术在金融领域的各个方面得到广泛的应用。银行拥有先天的数据优势，聚集了大量的结构化和非结构化数据，通过大数据技术为个人消费贷款信用风险预警和信用卡客户引入；互联网作为一个有机的生态，源源不断地产出数据，例如电商平台中网商的经营数据、社交平台的用户数据等。日益成熟的数据库技术、大数据存储技术等为数据获取提供便捷。因此大数据技术在互联网金融领域得到广泛应用，例如电商平台利用自身所积累的数据以及与之配套的数据挖掘技术对网商提供融资服务，阿里金融就是通过互联网数据化运营模式为自己的电商平台上的小微企业和个人创业者提供小额贷款服务。随着互联网金融的发展，以传统中国人民银行征信体系为中心的金融征信体系在征信速度、效率以及覆盖率等许多方面无法满足互联网时代金融业务的要求，因此催生了运用大数据信息技术引入大量多元化数据（例如社交网络、信贷、电商等方面）。通过数据清洗、有效匹配、数据整合和深度挖掘得到准确性、预测性较强的信用数据，从而形成真实全面反映信息主体信用状况的大数据征信，大数据征信降低了信息的不对称程度，降低了交易成本，在防范金融风险、提高市场资源配置效率方面发挥着无法替代的作用。

## 第二节　金融大数据挖掘的核心技术

数据挖掘的三大任务是分类、聚类、关联规则。由于不同的数据形式，这三个方向的结合又产生了一些交叉领域。2007 年的 IEEE 国际数据挖掘大会调查认定了始终受到广泛认可的算法 C4.5、K-Means、SVM、Apriori、EM、PageRank、AdaBoost、KNN、NaiveBayers 以及 CART。

常见的任务分类算法有：决策树、Logistic 回归、神经网络、支持向量机、多目标线性回归等。分类算法在金融领域有很多应用，例如可以通过客户分类构造一个分类模型来对银行贷款风险进行评估、市场营销中的客户细分等。在客户细分过程中，采用分类算法，将客户划分为不同类别，从而找出不同类别客户之间的特征，提供具有针对性的服务和产品。

决策树就是在数据的各个维度上建立判断规则，以树的形式将这些规则组织起来，形成预测功能。每一条从树的根节点到叶子节点的路径，就是一条完整的预测规则。由于决策树便于理解，具有较高准确率，在分类算法中占有了很高的地位。

Logistic 回归分析是一种二分类的多元回归方法，是判断某件事是否发生的根据，在各个领域取得广泛应用。

人工神经网络具有学习和自适应能力，可通过预先提供的一批相互对应的输入-输出数据，分析掌握两者间的规律进行应用和预测，其中最流行的神经网络算法是 20 世纪 80 年代提出的向后传播算法。

支持向量机和多目标线性规划都是基于最优化数据挖掘的方法。最优化数据挖掘方法在解决小样本、非线性及高维模式识别中表现出很多特定优势，能够推广到各种分类问题。目前最优化数据挖掘方法已经在个人信用评分、客户流失管理、金融衍生品结算风险管理等金融大数据挖掘项目中成功应用。

关联算法即从大量数据中发现项集之间潜在的关联或隐含的相关联系。关联分析就是发现大量数据集中的关联性或相关性，从而描述了一个事物中某种属性同时出现的规律和模式，最有名的应用是“啤酒尿布”的购物篮应用案例。而在金融领域中，借鉴这样的思想实现捆绑营销并非难事。关联规则算法中最流行的 Apriori 算法是一种最有影响力的挖掘布尔关联规则频繁项集的算法。其核心是基于两阶段频集思想的递推算法，能够找到所有支持度大于最小支持度的项集及频繁项集。

聚类算法主要有层次化聚类算法、划分式聚类算法、基于密度和网络的聚类算法。该方法试图找到数据中自然聚类的中心，以实现各个群组内部的均方误差总和最小的目标。聚类分析起源于分类，但其与分类分析最大的不同点在于聚类所要求划分的类是未知的。聚类分析可作为单独的一个工具概括出每一类的特点，同时发现数据库中分布的深层次的信息，聚类分析的应用十分广泛，例如在市场营销分析中，聚类分析可以将不同类别的消费者区分开来，并且概括每一类消费者的消费模式和习惯。

## 第三节　金融领域的大数据技术应用

### 一、基于大数据技术的金融客户管理

目前我国金融行业的竞争日益加剧，其竞争的核心大多围绕客户管理展开，因而基于大数据的客户管理策略受到越来越多金融机构的关注。客户管理指的是企业根据客户信息提升其与客户之间在销售、服务上的沟通和交互，并且根据当前客户的变化对客户服务不断进行改进，从而不断提升客户管理水平，实现企业保留旧客户、吸引新客户、转化忠实客户的目标。作为服务性行业，客户是金融机构最重要的资源之一，其主要表现为以下几个方面：①当今金融行业是以“客户为中心”的经营理念，金融机构的市场竞争实质就是争夺客户资源；②客户关系管理是提升企业管理水平和效率的驱动源，客户关系管理逐渐对企业人才素质和管理水平提出更高的要求，同时也推动管理效率的不断提升；③客户关系管理满足了客户的个性化需求，提高客户的忠诚度和保有率，实现客户价值的持续最大化。

传统的客户关系管理是基于对样本的调研数据分析，对客户的分类也只是仅仅依据静态

的不够全面的数据，对客户需求的了解比较片面且分类不够准确。大数据时代的到来，对金融行业的各项业务和管理方式产生影响，客户关系管理产生变革。相较于传统的基于样本的数据分析，大数据更加关注动态，从关注样本转变为关注全面，从关注客户的单一需求转变为关注客户的多样化需求，改变了以往的银行客户关系管理思维。大数据技术的应用提高客户价值识别的能力，通过客户的行为信息，例如交通出行的生活习惯、在电商平台上的消费习惯、客户的住房信息和浏览主流网站体现的兴趣爱好等结构化和非结构化数据，通过对海量数据的分析判断客户价值，从而对银行客户提供有针对性的服务；同时是对金融行业数据驾驭能力的提升，大数据技术面对的是巨量、繁杂、高速运转数据，金融行业为了发挥大数据的商业价值必然需要提升现有的客户关系管理系统的数据收集和处理能力。以下介绍大数据技术在客户画像、精准营销、智能客服方面的应用。

客户画像是指通过大数据分析平台，在银行已有的传统结构化数据的基础上，再接入大量的外部结构化和非结构化数据，例如政府部门采集的数据和互联网产生的数据，就可以构建客户 360°全方位视图。政府部门数据包括了政府各个部门在日常工作中收集的各项数据，如中国人民银行征信系统的信贷数据、税务数据、海关数据、工商数据、社保数据等，这些大都对金融机构有用但是尚未得到充分利用。同时客户在互联网产生的一些数据，如在社交平台、电子商务平台上产生的结构化和非结构化数据，对于了解客户和判断客户行为有着重要的意义。在这些数据的基础上，结合风险偏好数据、客户职业、爱好等数据，利用机器学习算法来对客户进行分类，并利用已有的标签和外部数据对客户画像，进而针对客户提供不同的产品和服务策略，从而提高客户渗透率、客户转化率和产品转化率。

精准营销是借助大数据分析平台，通过形式多样的用户数据（基本信息数据、消费数据、浏览记录、客户微博等）进行追踪、挖掘、分析，构建客户的 360°画像，从而对细分客户进行精准营销、个性化推荐、实时有效等个性化营销，例如在客户画像的基础上，利用外部数据进行网络获客；根据网络行为数据等对客户进行实践营销、实时营销等；根据客户偏好、年龄、资产规模等进行个性化营销以及基于客户生命周期进行客户生命周期管理，即新客户获取、客户维护、客户防流失和客户赢回等大数据应用。例如招商银行就对客户刷卡、存取款、电子银行转账、微信评论等行为数据进行分析，每周给客户发送针对性广告信息，里面有顾客可能感兴趣的产品和优惠信息。

智能客服是基于客户以往的行为偏好、交易特点、生活习惯等数据，结合机器学习与大数据的多次迭代形成客户的知识图谱，预测客户在各个阶段可能要发生的行为，并以客户“最少操作”的形式展现出来，来增强客户体验。相较于传统客服，智能客服在时间上可以通过 24 小时无间断服务，同时降低商业银行的人力成本，并且保证较高的正确率，能够全面提升商业银行业务的自动化能力与客户体验。目前五大国有银行和十二家全国性股份制商业银行在线上渠道均有智能客服系统布局，此外各大银行对应的信用卡中心也推出了相应的、更符合信用卡用户习惯的智能客服，例如工行“工小智”，可实现对个人金融、电子银行、投资理财、信用卡等业务知识的全覆盖，智能问答知识总量超过 1 万条。

## 专题 2-1　国元证券的“金数据”系列产品

2014 年 6 月 5 日，国元证券与中国科学技术大学共同组建了“数据分析实验室”，确定重点是为 90% 以上的非现场客户提供优质服务，落实“线上做长尾，线下做高端”的服务理念，利用科大的科研实力，帮助国元证券建立数据收集、数据分析、数据运用的队伍。通过长期的合作，国元证券开发出业内领先的“金数据”产品，包括“精准资讯”和“精心服务”两大系统，其主要成果获得 2017 年安徽省科技进步三等奖。

国元证券于 2015 年陆续推出“金数据”系列产品，并持续进行更新，其采用量化分析的方法有针对性地为客户提供服务，即利用大数据技术挖掘和收集客户的行为及偏好数据，为每位客户推送量身定做的个性化资讯。精准资讯系统建立了资讯适配模型，为每位客户提供较为精准的资讯，提升客户体验。模型首先对客户进行画像，根据客户的持仓、自选、浏览的股票，通过大数据技术提取出客户行为数据，推测客户可能感兴趣的股票、行业、概念以及板块信息。然后，根据资讯的相关特性，与客户进行适配。最后，将适配结果推送给客户，客户即使不登录也能看到为其推荐的较为精准的资讯（不登录能识别出客户的准确性超过 90%）。在资讯页面上，客户除了看到公司推荐的资讯外，还整合了投资日历（含新股申购、上市、配股等信息），可能感兴趣的个股，关注个股对应的新闻、研报、投资评级等，让客户在一个界面上可以快速浏览与其密切相关的资讯信息。

“精心服务”指国元证券建设的关键事件驱动流程管理系统（Key-event-driven Process Management System，简称 KPM）。该系统针对客户的一些关键事件，如开户成功、分红配股、产品到期、双融警戒线等，系统自动触发相应的事件处理流程，让客户经理按照标准的服务模板对客户进行关怀和服务，提升客户的个性化服务水平。“精心服务”让客户经理从客户的切身利益出发，为客户趋利（获得更多的收益）避害（减少不必要的损失）。

目前开发的 KPM 超过 100 个事件，基本涵盖了客户从开发、成长、成熟到衰退阶段的几乎所有的重要事项。各阶段的服务特点不同，公司统一服务质量，制定了各种事件的标准服务模板。KPM 相关的待办任务，会自动分配到客户经理的工作平台上，客户经理去完成任务时，系统自动调用相关的服务模板，不管是新员工还是经验丰富的老员工，都可以参照服务模板，让客户得到统一标准的服务。

### 二、基于金融大数据技术的风险管理

建立完善征信系统是金融行业风险管理的基础。征信是指依法收集、整理、保存、加工

自然人、法人及其他组织的信用信息，并对外提供信用报告、信用评估、信用信息咨询等服务，帮助客户判断、控制信用风险，进行信用管理的活动。征信的主要目的是解决交易双方信息不对称问题，进行风险管理。征信业与信息技术联系密切，在欧美甚至被归类为信息产业。信用在当今的金融体系中扮演着不可或缺的角色，是一国金融市场的基础性要素。金融机构的业务需要对企业和个人的信用评估，准确的信用信息可以降低交易成本以及金融系统的系统性风险。

2013 年《征信业管理条例》的颁布放开了我国个人征信业务，允许取得牌照的市场化机构从事个人征信，这是对央行征信系统的有力补充。同时社会信用体系建设逐步推进，国家层面的征信体系规划也相继出台。2014 年，国务院颁布《社会信用体系建设规划纲要(2014—2020 年)》，加快政务诚信、商务诚信、社会诚信和司法诚信领域建设。国内目前已经初步形成了金融征信、政府征信和市场化征信体系，但是现有征信体系依然存在一些问题：①现有征信体系不健全，缺乏广泛统一的社会征信模型和评分标准，不同征信机构在数据来源、信用评分模型和评分标准等方面存在较大差异。②各征信平台之间尚无对接，信息较分散，信息共享难。金融行业征信系统不对互联网金融开放，市场化征信公司之间的征信数据尚无对接，从而形成各信息孤岛。③缺乏针对性的信息安全、隐私保护。④征信业监管技术和水平有待提高。

互联网和信息化时代，互联网金融业取得长足进步，同样对征信业提出新的需求。根据网贷之家发布的《2018 年中国网络借贷行业年报》，截至 2018 年底，行业正常运营平台数量下降至 1021 家，相比 2017 年减少了 1219 家，总体贷款余额同比 2017 年下降了 24.27%。在互联网金融与信息时代深度交融的同时，问题平台的增加暴露出我国互联网金融征信体系建设滞后的窘境，互联网金融的发展迫切需要大数据征信融入传统征信体系。事实上，互联网金融与征信业的发展是相辅相成的，信用风险控制技术作为互联网金融未来成功的核心，征信业的发展必然对互联网金融具有推动作用，同样互联网金融的发展对征信业务提出了新的需求。原有的征信系统和产品服务无法满足现有的大量征信需求，一方面，因为央行的征信系统不对互联网金融公司和其他征信机构开放；另一方面，央行征信系统建立档案的 8.4 亿人口中，也只有 3 亿多人有过金融机构借贷记录，没有信贷记录的个人难以获得传统的金融服务。

大数据技术的发展解决了海量征信数据的采集和存储问题，机器学习和人工智能方法可以对数据进行深入的挖掘和风险分析，移动互联网和云计算手段的成熟提高了征信服务的便捷性和实时性。这些技术的发展使得利用深度挖掘大数据信息、开发大数据风险评估模型、更加精准评估风险逐渐成为信用风险识别领域的核心课题。大数据征信就是利用信息技术优势，将不同信贷机构、消费场景的海量数据整合起来，并进行数据清洗、模型分析、校验等，从而加工融合成真正有用的信息。大数据的发展丰富了有效数据资源，同时改变了传统数据的处理模式，促进了互联网征信体系与大数据的深度融合。

基于大数据的征信体系与传统的信用评估相比主要区别有以下几点：①从服务的人群来说，大数据信用评估体系可以服务没有被传统征信体系覆盖的人群，即没有征信记录的人群。②从数据源来说，这种新的信用风险评估体系大量采用非传统的信用数据，包括互联网上的行为数据和关系数据，例如客户在电商平台的交易数据、第三方支付平台的交易数据或是客户在互联网金融平台发生的投资和公益方面的数据等。③从关注的侧重点来看，传统的信用评估模型更关注授信对象的历史信息，致力于深度挖掘。而新的信用评估体系更加看中用户现在的信息，致力于横向拓展。④信用量化评估的方式也发生了改变，大数据信用评估体系基于海量数据，不仅采用机器学习的模型，而且使用更多变量。一方面可以使信用评估决策效率提高，另一方面还明显降低了风险违约率。

无论是银行还是消费金融公司、互联网小贷公司等其他金融机构，金融机构普遍有风控需求，一方面是监管层对金融机构的风控能力提出很高的要求；另一方面是因为风控直接会影响金融机构的利润水平。大数据风控直接解决金融机构的核心需求，能够在用户画像、反欺诈、信用评级等方面大大提高金融机构的效率和风控能力，是金融企业发展过程中必须结合的一项科技手段。大数据风控覆盖信贷领域的各个流程，重点是获客、身份验证、授信环节以及贷中环节。获客环节建立用户画像，跟踪用户完整生命周期；身份验证环节通过身份验证、活体识别等技术解决申请人是否为本人的问题，关联分析则是利用图关联技术，找出欺诈团伙；授信环节汇聚多方数据源，通过建模进行风险定价后，金融科技服务商输出信用评分给机构使用；贷中后环节，主要是排查异常客户，及时报警，以及逾期客户失联修复等。以下简要阐述国内大数据风控产业情况，目前国内大数据行业主要分为三类，见表 2-1 所列。

表 2-1 国内大数据风控产业基本情况

| 企业类别 | 代表企业/机构 | 特　点 |
|---|---|---|
| 数据机构 | 人行征信、鹏元征信、前海征信、银联智策 | 和传统的银行、公安部、工商局、航空公司、社保局等国家机关合作，提供公民基本身份证信息、银行卡信息、航空出行信息、企业工商信息等。他们的特点是对外提供数据查询，数据丰富有价值，缺点是风控产品偏弱 |
| 互联网公司 | 蚂蚁金服、腾讯征信、百度金融 | 各自都有一块基于电商、社交、搜索的巨量数据以及一些外部数据，形成了自己的风控产品和数据输出能力。这些互联网公司刚开始只是和自己的战略合作企业合作输出风控，现在也慢慢对外提供 2B 的风控产品 |
| 创业技术公司 | 同盾科技、百融金服、帮盛科技、聚信立、数美科技 | 在互联网巨头还没有对外提供风控技术以及传统数据机构风控技术还不强的时候，他们的出现弥补了 P2P 金融和现金贷对风控产品的巨大需求。他们的数据是整合多方数据源，不断地为 2B 企业提供风控模型和数据，并且获得了一些网贷数据积累 |

## 专题 2-2 大数据风控助力徽商银行直销银行业务

随着互联网跨界经营趋势的不断扩大，传统银行业加快了互联网金融布局的步伐，无实体网点的纯网络直销银行应运而生。自 2014 年起，至少 15 家银行陆续加入直销银行的行列，2015 年初徽商银行推出了自己的直销银行业务——“徽常有财”。直销银行打破了时空的限制，极大地拓展了传统银行的生存空间。但与此同时，直销银行所面临的风险也不可小觑，除了传统金融的业务风险外，还有互联网金融的技术类风险。比如银行线上授信类业务即可能面临多重欺诈风险，这其中包括逾期信用风险、本人伪造欺诈风险、他人伪造欺诈风险以及团队或中介欺诈风险等。如何快速识别欺诈风险，同时利用技术手段提高整体运营效率，这将是传统银行在互联网金融浪潮中继续保持竞争力所面临的重大挑战之一。

为了应对直销银行业务所带来的各种新的风险，徽商银行积极探索利用大数据技术辅助授信决策的业务，以提高直销银行业务的整体效率与最终客户体验，其贯穿了整个直销银行业务的全流程。在用户申请的环节，需要识别欺诈的风险；在授信的环节，通过海量数据，包括中国人民银行征信数据、电商数据、运营商数据、社保缴费数据等十几个维度的数据优化成的模型做评分，从而实现在短时间内迅速决定授信额度。为此，徽商银行建立了数据中心并成立了大数据部，借助自身积累的客户信息以及同地方政府、征信公司和担保集团合作，分别通过合作和自主开发的方式，构建了一套完整的风险控制系统。此外，徽商银行还利用大数据技术开发了一套精准营销系统，标签化锁定精准人群，并借助移动互联网手段精准锁定目标人群，例如在生日当天推送问候信息和产品信息，并在新闻资讯头部 APP 和社交媒体朋友圈推送符合用户习惯的广告信息。

“徽常有财”上线三周年时，有效客户数超 1000 万户，金融资产交易量超 1200 亿元，资金保有量超 100 亿元，在全国 100 多家直销银行中位居前列。“徽常有财”先后荣获了“2015 中国（安徽）最佳直销银行”“2017 年度直销银行十强”“2017 年直销银行创新应用奖”“2017 年度最具影响力直销银行”“2018 胡润新金融 50 强”“最佳金融信息科技安全奖”等荣誉称号；2017 年徽商银行“智慧金融”获得 2017 年中国国际金融展“金鼎奖”，初步树立了具有徽商银行特色的线上线下一体化智慧金融品牌。

### 三、基于大数据技术的金融产品设计

金融大数据的价值不仅仅表现在金融客户关系的维护和金融风险的规避上，还表现在金融产品的设计过程中。一方面，金融机构利用大数据平台和大数据处理技术，通过相应的数据挖掘和分析手段发现客户的真实需求，开发新的金融服务和产品；另一方面，通过大数据

技术可以对涉及特定金融实体的数据进行自动分析、归并、统计和计算，提高开发新产品的成功率，降低风险。

基于大数据技术可以开发和创新出更多满足客户真实需求的金融服务和产品。供应链金融是基于大数据技术开展的一类新的金融产品，是金融机构面向供应链环节所有成员企业的一种系统性授权融资，具体来说：银行将供应链上的所有企业作为一个整体，按照交易中构成的链条关系以及所处行业特性重新设计融资模式，从而为各企业成员提供灵活的融资服务的一种信贷创新解决方案。传统供应链金融存在以下问题：①欠缺完整的银行信用体系。中小企业的信用信息无法有效收集和准确评估，在一定程度上影响了商业银行供应链金融业务的发展。②信息不对称导致银行风险增大。传统供应链金融银行能够容易获取授信的上下游企业的相关的财务数据，也可以掌握从物流、电子商务等获得企业其他信息，但是数据来源的角度多、层面广，使得数据之间存在一定的信息不对称，导致银行出现一些市场前景的误判等。利用大数据技术，银行可以根据企业之间的投资、控股、借贷、担保以及股东和法人之间的关系，形成企业之间的关系图谱，利于关联企业分析以及风险控制。知识图谱在通过建立数据之间的关联链接，将碎片化的数据有机地组织起来，让数据更加容易被人和机器理解和处理，并为搜索、挖掘、分析等提供便利。在风控上，银行以核心企业为切入点，将供应链上的多个关键企业作为一个整体；利用交往圈分析模型，持续观察企业间的通信交往数据的变化情况，通过与基线数据的对比来洞察异常的交往动态，评估供应链的健康度并为企业贷后风控提供参考依据。

另外，基于大数据技术，金融机构可以通过 SDK（软件开发工具包）方式来收集客户行为数据，并通过用户画像来完善标签数据、了解客户特点，从而满足客户个性化需求。在风险定价上，传统定价依赖历史数据和统计数据，不具备时效性且难以反映保险标的的风险特征，定价风险高。在大数据背景下，海量数据可以改变保险产品的定价方式，基于对维度的全量数据，考虑客户的基本信息（学历、收入水平），行为信息等多方面数据，在传统广义线性模型上辅以大数据分析技术，如支持向量机、人工神经网络等机器学习算法，可以提高定价的精准度。例如保险公司可以对车险产品捆绑开发行车软件来收集司机的基本信息数据、车辆信息以及车辆驾驶的实时数据，通过数据分析判定司机驾驶是否具有危险驾驶行为，对不同的客户收取不同的保险费率，从而设计出不同人群特点的个性化保险产品；商业银行在授信过程中也可以通过对客户信息的收集和处理，在几秒钟内实现对客户授信额度和贷款成本的线上自动生成。

## 专题 2-3 安徽农商行大数据信贷产品“金农信 e 贷”

伴随着新金融业态的不断涌现以及商业银行竞争日益激烈，传统银行需要突破原有的发展模式，寻求潜在的增长方向。为此，商业银行的业务范围不断下沉，信贷业务的服务对象逐渐从核心客户扩展到长尾客户，为小微客户和农村客户提供更多的金融服务。同时，这也是落实普惠金融的需要。“大众创业、万众创新”，需要金融机构根据创业创新主体资金需求“短、频、快”的特点，提供“定制化”的金融服务。中国人民银行、银监部门要求借助互联网技术开展普惠金融，并提出“利用大数据、云计算开展的互联网金融是普惠金融的重要范本”。然而，传统的信贷模式难以被复制到服务小微企业和农村客户，因为其中存在单笔业务人力成本高、业务流程压力大、风险防范难度大等痛点。

为了解决以上痛点问题，安徽省农村信用社联合社在2016年3月开始启动开发“金农信e贷”产品。该系统以大数据为核心，在整合社会化和行内金融数据的基础上，为个人客户提供一定额度的信用或担保授信。“金农信e贷”通过“互联网＋大数据”的模式，利用政府、银行等内外部数据，结合互联网金融技术，建立信贷模型，为城乡居民提供一定额度信用或保证贷款的新型信贷产品。“金农信e贷”的核心在于无缝对接。三大系统通过大数据平台的搭建，“金农信e贷”系统可以无缝对接线上客户身份核实系统，依托手机银行、网上银行等电子银行渠道加强对客户身份真实性的识别，实现客户自助发起申请。“金农信e贷”本地化业务系统主要包括贷前调查、贷时审查、贷后检查，实现自动准入调查、自动评级授信、自动风险预警、自动利率定价的功能。信贷自动化管理系统实现客户自助签订合同，自助办理借款、还款。为此，安徽省农村信用社联合社利用大数据平台，构建了“四大模型”：①准入检查模型。主要是通过社会化大数据、行内金融数据、金融机构征信数据以及其他数据，筛选符合贷款条件的客户。②信用评级模型。主要是依靠FICO打分卡，使用相关的信用评分指标，对客户申请进行信用评估，给予一定的授信额度。③实时风险控制模型。基于客户家庭关系、企业及股东关系、转账及现金交易关系，评估客户风险指数，从而控制信用风险。④贷后风险预警模型。主要是进行贷后管理，定期对授信客户进行贷后风险检查，发现风险及时处理。

“金农信e贷”项目启动于2016年；2016年7月，亳州药都农商银行正式试点上线“金农易贷”项目；2019年初，安徽省农村信用社联合社自主开发的“金农信e贷”一期项目在合肥科技、阜南等5家农商银行成功推广；2019年4月该系统正式上线，二期27家农商银行也陆续上线该系统。“金农信e贷”自2016年开始试点以来，满足安徽城乡客户尤其是个体工商户、创业群体以及消费客户的资金需求，安徽省内已经有超过1100万人注册安装了安徽农金手机银行。到2019年3月底，已有67.18万户客户通过手机银行申请办理“金农信e贷”，32.87万户居民获得授信，金额达305.60亿元；用信户数24.38万户，用信余额175.99亿元，累计放款182.20万笔、674.69亿元，用户及交易规模均位居国内区域性银行前列。

## 第四节　安徽省大数据产业发展现状

### 一、安徽省大数据产业发展政策汇总

安徽省实践落实国家大数据发展战略，对大数据产业发展高度重视，先后出台了相关政策文件，在布局规划、基础平台、应用领域、标准规范、人才培养等多方面做出部署，全面推进大数据发展。这为后续的金融大数据技术的发展和应用提供了必要的前提和基础，具体见表 2－2 所列。

表 2－2　安徽省大数据产业发展相关政策汇总表（2017—2019 年）

| 时　间 | 名　称 | 发布机构 | 要　点 |
| --- | --- | --- | --- |
| 2017 年 1 月 | 《安徽省“十三五”软件和大数据产业发展规划》 | 安徽省经济和信息化委员会 | 发展目标：<br>①产业规模目标。<br>②企业培育目标。<br>③产业集聚目标。<br>④技术创新目标 |
| 2017 年 1 月 | 《合肥市大数据发展行动纲要（2016—2020）》 | 合肥市人民政府 | 到 2020 年，建成市级大数据交易平台并投入运行，全市大数据及相关产业营业收入超 1000 亿元，营业收入超 100 亿元企业 1～2 家、超 10 亿元 20 家，从事云计算、数据处理服务、数据安全和行业综合解决方案的企业超 300 家。建成 1 个省级大数据产业基地和 5 个市级大数据产业园，大数据产业从业人员超过 1 万人。<br>具体做法：实施大数据“三项行动”，包括“攻坚行动”——突破信息孤岛、“云端行动”——打造数据中心、“强基行动”——统筹设施建设。搭建大数据基础平台、强化大数据示范应用、培育大数据经济增长点、筑牢大数据安全“两张网” |
| 2017 年 2 月 | 《安徽省政务信息资源共享管理暂行办法》 | 安徽省人民政府办公厅 | 政务信息资源共享遵循：以共享为原则，不共享为例外；按需共享，无偿使用；统一标准，统筹建设；健全机制，安全可控，各政务部门应加强基于信息共享的业务流程再造和优化，利用政务信息大数据资源，推动政务服务、社会治理、商事服务、宏观调控、安全保障、税收共治等领域政府治理水平显著提升，促进交通运输、社会保障、环境保护、医疗健康、教育、文化、旅游、住房城乡建设、食品药品等民生服务普惠化 |
| 2018 年 1 月 | 《促进大数据产业发展若干政策》 | 铜陵市人民政府办公室 | 具体做法：<br>① 促进重点领域发展。<br>② 补助经营场地费用。<br>③ 给予财政贡献奖励 |

（续表）

| 时间 | 名称 | 发布机构 | 要点 |
|---|---|---|---|
| 2018年1月 | 《合肥市政务数据资源共享开放管理暂行办法的通知》 | 合肥市人民政府 | 旨在为加快推进政务信息系统互联和公共数据共享开放，充分发挥政务数据资源共享开放在深化改革、转变职能、创新管理、大数据发展与应用中的重要作用 |
| 2018年9月 | 《合肥市大数据企业认定管理办法》 | 合肥市数据资源管理局 | 在以往认定工作经验的基础上，在全国范围内创新性地采用了数据收入认定、数据技术应用和数据研发投入三项结合的方式进行大数据企业认定，大力引导各类企业推进数据融合发展，营造数字经济与实体经济深度融合发展氛围，激发大数据产业创新活力 |
| 2018年10月 | 《安徽省支持数字经济发展若干政策》 | 安徽省人民政府办公厅 | 贯彻国家数字经济发展战略及安徽省加快建设“数字江淮”决策部署，以大力发展数字经济，推进数字产业化、产业数字化，构建现代化经济体系 |

## 二、安徽省金融大数据产业发展现状

“十三五”以来，安徽省积极壮大信息技术服务、培育产业发展新业态，为支持大数据产业的发展，提供良好的政策环境，大数据产业发展取得初步成效。根据《2017年度合肥市大数据白皮书》显示，合肥市有大数据企业近700家，2017年营业收入超过800亿元。先后成立了一系列重要的社会组织，推动大数据行业的各服务主体之间的沟通和交流，为安徽省大数据产业发展、协同发展创造了更为良好的环境。

### （一）安徽省数据资源管理局

2018年12月，安徽省数据资源管理局挂牌成立。安徽省数据资源管理局的成立将推动全省范围内智慧城市的建设，加速电子政务推广和应用，整合各个地区和政府部门的公共数据，实现各类数据的互联互通，打破信息孤岛，实现数据共享。

### （二）安徽省大数据产业联盟

2017年9月30日，由安徽省经济和信息化委员会指导的“安徽省大数据产业联盟”正式成立，联盟由致力于大数据研发、资源管理和应用推广的企事业单位、科研机构和社会团体自愿组成。该联盟汇聚了包括中国科学院院士在内的大数据技术专家，针对大数据产业发展全价值链开展咨询指导、专业培训、成果交流推广等多种服务；以“开放合作、共享共赢”为原则，以汇聚大数据发展资源、全面提升参与方大数据发展能力和成效为目的，打造安徽大数据咨询服务线上线下互动平台，建立各方共赢的良性互动合作模式；以开放性地做好大数据标准体系构建和制订工作为目标，力争在服务能力与质量、开放接口和互操作、信息安全等方面形成自主知识产权的标准，探索新型商业模式。

### （三）大数据分析与应用安徽省重点实验室

2015年，大数据分析与应用安徽省重点实验室由中国科学技术大学、科大讯飞股份有限公司和安徽广电传媒产业集团有限责任公司三方共建。其中，作为依托单位的中国科学技术大学，是我省乃至我国大数据分析与应用方向的优势研究单位。同时，作为共建单位的科大讯飞公司和安徽广电传媒产业集团，不仅拥有规模庞大的大数据云平台以及优质数据资源，而且具有丰富的大数据技术产业化经验。更为重要的是，经过多年的合作，共建三方已经形成了强强联合、优势互补的稳定合作局面，围绕大数据分析与应用方向，建立了大数据产学研合作平台，在科研平台、产业平台和数据平台三个方面都拥有良好的科研和产业环境。

### （四）安徽省大数据产业协会

2017 年 4 月，安徽省大数据产业协会由合肥天源迪科、安徽征信、科大讯飞、科大国盾、浪潮、中国电子科技集团公司第三十八研究所等 12 家企业联合发起成立，会员涵盖金融、医疗、教育、通信等大数据研究与应用领域。安徽省大数据产业协会的成立响应国家政策，通过行业联合，推动安徽省大数据产业的进一步发展。同时，该协会的成立也是大势所趋，顺应了安徽省大数据产业发展的需求。协会的成立以合肥为中心辐射整个安徽省，进一步带动行业发展，协会理事会成员单位将协力共同促进整个行业的可持续发展。

### （五）安徽大数据交易中心/平台

2016 年 4 月，淮南市与中关村数海数据资产评估中心合作建设的总投资为 1.2 亿元的安徽大数据交易中心正式上线，主要提供数据的确权登记、评估、交易等服务，推动数据资源化、资源资产化、数据证券化、资产可交易化。数据交易中心具有强大的带动效应，对数据进行采集、确权、清洗、定价、整合、交易，是大数据领域最前沿的业态，解决的是数据资产确权与估值问题，为交易扫平障碍，为华东地区乃至全国大数据产业发展提供了基础性平台。

### （六）安徽大数据产业园

安徽省高度重视大数据产业的发展，并将大数据视作一个重要的产业，在全省范围内建立建成了多个大数据产业园。

安徽合肥市 DT 产业园，是由合肥庐阳国有资产投资控股集团投资开发，总投资额约 15 亿元人民币，自规划起备受省市区高度关注，并入选了 2016 年合肥市“大新专”重点项目投资计划。该项目占地面积约 107530 平方米，规划建筑面积 336707 平方米，项目共建有 22 栋楼宇。该项目定位为“互联网＋”（大数据、大健康、第三方检测、工业设计、配套服务设施等）数据技术产业园，以数据技术为该产业园信息化发展核心，推动“互联网＋”行动计划的实施，丰富产业业态，搭建大众创业、万众创新的平台，依托庐阳区金融、特色商贸、高技术服务、文化旅游产业的优势，建设引领创新发展的平台。项目建成后根据产业园实际招商运营情况，引入由大数据技术驱动的其他产业。

2019 年 3 月芜湖市政府与中国电信安徽公司联合举办的芜湖大数据产业园——芜湖数谷揭牌。芜湖市政府与中国科大共建智慧城市研究院，中国电信集团数据云中心、安徽省农业大数据中心、安徽省电子认证（CA）数据中心相继落户芜湖，一批行业龙头企业投资芜湖，同时也带领本地资源培育了一批数字经济企业。芜湖大数据产业园——芜湖数谷以建设资源型、技术型、融合型、服务型数字经济为目标，积极培育数字经济新动能，打造“政府搭建平台，电信投资建设，企业拎包入驻”的数字产业发展模式。

安徽淮南高新区淮南云谷大数据产业园。2019 年 6 月 16 日，深圳润迅数据通信有限公司与淮南高新区签署合作协议，为淮南高新区淮南云谷大数据产业园投资 10 亿元人民币，计划按照 T4 级标准打造华东地区最大的独立数据中心集群，建设 20000 个机柜规模的数据中心，以打造华东区域数据中心的行业标杆为宗旨，以安徽为中心，服务覆盖全国。

2018 年迄今，安徽省不断推进大数据产业发展，以及在各个领域的应用，如生态保护、健康医疗、精准扶贫等，除了上述重要的社会组织以外，还发生了一系列推动安徽省大数据产业发展的重要事件，详见表 2－3 所列。

表 2－3　安徽省大数据产业重点事件（2018—2019 年）

| 地　区 | 事　件 | 领　域 | 要　点 |
| --- | --- | --- | --- |
| 安徽省 | 大数据人才培养获国家重点支持 | 教育 | 2018 年 3 月，据教育部发布的 2017 年度普通高等学校本科专业备案和审批结果，我省本次共有 33 所本科高校（含独立学院）获批 93 个本科专业。本次获批专业中，理学和工学专业共 45 个，占 48.4%，大部分是支撑安徽产业转型和五大发展美好安徽建设的急需专业，如经济工程、大数据、机器人工程等。其中，有 14 所高校获批开设数据科学与大数据技术专业，在全国各省市中排名第二 |
| 宿州市 | 市县两级精准扶贫大数据平台 | 精准扶贫 | 宿州市建成并运行市县两级精准扶贫大数据平台，形成“市县指挥中心＋手机 APP 客户端＋云呼叫需求直通车＋微信公众号”智慧扶贫系统。该平台涵盖行业部门数据、政策动态、工作动态等内容，同时对贫困户实行动态掌握，而且平台设置扶贫地图，主要管控脱贫攻坚的推进情况 |
| 铜陵市 | “大数据比对”养老金认证新机制 | 公共服务 | “大数据比对”养老金认证新机制，通过与公安、民政、卫生健康、交通、旅游等部门业务协作，实现与人口管理、殡葬、就医、乘坐飞机高铁等实名验证场景的信息共享，提升共享的实时性。凡是通过信息比对能够验证参保人生存状态的，不再要求进行现场认证，这项措施可解决绝大多数参保人的认证之烦 |
| 铜陵市 | 交通大数据精准应用联合实验室 | 交通治理 | 实验室主要融合城市交通感知数据，通过构建城市综合交通大数据资源平台，缓解城市交通拥堵、路面交通防控和交通事件应急调度，研究验证业务模型，洞察路网交通运行规律，聚焦早晚高峰等关键场景，预测预警异常状况，为提早干预处置和阶段性、体系化调整提供辅助决策 |
| 黄山市 | 智慧黄山时空信息平台建设试点项目 | 社会治理 | 黄山市被正式列入智慧城市时空大数据与云平台建设项目国家级试点，项目建成后，将成为支撑黄山市智慧黄山建设的重要信息基础设施，为该市智慧消防、智能交通、智慧城管、智慧旅游、智慧健康等社会领域智慧应用，以及“互联网＋政务服务”平台、科技创新服务平台等政务服务领域智慧应用提供坚实的时空信息保障 |

（续表）

| 地　区 | 事　件 | 领　域 | 要　点 |
|---|---|---|---|
| 合肥市 | 国家健康医疗大数据中部区域中心 | 健康医疗 | 合肥市正在推进国家健康医疗大数据中部区域中心总部基地建设，到2021年，覆盖国家中部区域、具有国际水准、国内领先的健康医疗大数据（中部）中心基本建成。到2022年，中国中部省份的健康医疗大数据管理体制和应用机制基本健全，中部区域全员人口全生命周期健康医疗大数据库基本建成，中部省、市健康医疗大数据互联共享 |
| 黄山市 | 大数据支撑生态环境保护 | 生态保护 | 黄山市将推动大数据应用平台和时空大数据建设，推进大气污染防治和水环境质量管理信息化建设，重点监测秸秆焚烧、工业园区挥发性有机物、机动车尾气等污染问题以及重点水域等水质状况，实现大气污染、水环境质量的预警预测和科学管控。同时，建设智慧天气综合服务平台，升级生活垃圾转运信息系统，拓展智慧环卫生活垃圾管理等功能模块，建设地下管网安全运行监测系统 |

## 第五节　安徽省大数据金融技术发展展望

近年来，在安徽省以及各级政府的支持和领导下，安徽省金融大数据产业发展迅速，取得一系列令人瞩目的成果。然而，大数据作为一个新的产业和技术，其在安徽省内的发展尚处于起步阶段，需要结合安徽省自身的特点和不足之处，在数据安全、数据整合利用和人才培养等方面继续提升。

### 一、加强金融数据的安全保护

随着大数据技术和平台的发展，数据的获取和运用变得越来越便捷，数据的安全性面临前所未有的挑战。例如，在互联网电商平台的随意浏览，都会留下消费者一连串的浏览痕迹；在某些社交网站登录注册时，需要输入个人的重要信息，例如用户的姓名、出生日期、手机号码、住址等；手机中的某些地图软件通过定位系统，可记录个人的生活习惯以及位置信息。如果信息运用得当，可以帮助相关领域的企业随时了解客户的需求和习惯，有利于企业调整相应的产品生产计划，提高经营效益。但如果信息安全和隐私保护不当，则可能会造成严重的社会问题。安徽省大数据产业以及金融大数据的发展在很大程度上依托安徽省智慧城市的建设，相当一部分的数据来源为各政府机构，对于数据安全性和保密性的要求更高，数据泄露的后果也更加严重。

为了杜绝数据安全隐患，确保用户隐私得以保护，还需要做好以下几个方面。第一，建立健全严格的系统管理机制，确保重要信息的单向流动。正如曾任全国人民代表大会财政经济委员会副主任委员、现任中国国际经济交流中心副理事长的黄奇帆同志在第三届中国金融教育发展论坛上所提到的，在大数据时代要保证信息的安全性，就要对信息系统制定一定的管理机制，确保信息从低向高的流动方向，决不能允许信息从高向低流动。第二，设置独立的数据（信息）审查委员会。充分借鉴发达国家和地区相对成熟的监督制约机制，建立专门监督部门和机制，做好政府信息公开工作。组织建设包含行业监管者、专家学者、律师和法官等成员在内的数据（信息）审查委员会，严格审查大数据的使用和调取。第三，建立事前预防性制度，在行政机关决定开放之日和实行开放之日，应给予企业一定的“间隔期”，企业既可以提出异议，也可以自行对数据进行脱敏处理。留出相对适当的期限也是防止行政机关错判误判的有效方式。第四，加大法制宣传力度，举办数据安全方面的会议论坛，邀请企业和相关人员来参加，共同研讨大数据安全最新动态。

## 二、提高巨量数据整合利用率

金融行业数据量以惊人的速度增长，国内很多金融机构的数据量级已经超过 100TB，非结构化数据量更是以惊人的速度增长。安徽省金融大数据具有来源丰富、数量庞大、信息密度低的特点，数据整合利用的难度较大。以安徽省最早建设金融大数据系统的亳州市为例，该系统在 2017 年共汇集来自 58 个部门的近 20 亿条数据，其中部分数据采集的标准不同、存储的格式不同、相互间的接口不同、开放的广度和深度不同，对数据清洗、加工造成很大的困难。同时，其中包含大量对于金融部门来说非有效的信息，且信息之间的关联性较低，要想从海量数据中挖掘出有效信息帮助金融机构的经营和决策难度很大。

提高信息整理利用的程度，不仅需要政府的积极推动，也需要全社会的广泛参与，具体可以在以下几个方面进行完善。第一，进一步完善政府信息资源管理体制。自 2015 年以来，安徽省各个地市纷纷设立信息局，安徽省数据资源管理局也于 2018 年成立，初步形成了地区范围内的信息管理和大数据平台的建设的责任主体。然而，整个社会大数据的整合涉及多领域、多行业和多部门，不能只依靠某一个部门或者机构，因此需要制定科学合理的管理体系，确定统一的整合利用数据规范标准，针对不同需求制定相应的数据模块，确保有组织、有效率地处理各类政府信息资源，促进政府信息资源的整合、价值挖掘与综合应用，从而提升政府对信息资源的综合管理能力。第二，打破公共信息资源和商业数据之间的孤立性，构建科学有效的资源开发利用模式，促使政府所掌握的信息资源经过深度加工、关联与整合，打通与金融机构所持有的商业数据之间的联系，最终以更便捷、更易接受和更灵活的形式为社会所利用，最大程度地提高大数据的利用程度。第三，提高大数据流转和利用效率，在安徽大数据交易中心的基础上，进一步推动数据资源化、资源资产化、数据证券化，强化大数据技术标准规范，完善大数据行业交易流程标准，健全数据交易定价机制，实现数据在不同行业、不同地区、不同企业的高效流转，实现数据资源运用效率的最大化。

## 三、加大专业型人才培养力度

大数据技术在金融机构的推广应用，需要既掌握大数据技术又熟悉金融专业知识、金融行业内控合规要求和业务办理流程等的综合性专业人才。对于当前的大数据分析而言，需要功能强大的分析工具和更为专业的分析人员。他们不仅需要精通数据建模和信息挖掘，还需要具备一定的业务知识，能将大数据分析技术与金融服务完美地结合起来。而安徽省作为内陆省份，本身金融业并不发达，目前金融机构科技人员普遍知识结构更新慢，而综合大数据研究和金融知识的人才更是严重短缺，对大数据技术在金融业的应用和创新带来了不利影响。

大数据人才队伍的建设，需要从金融行业内部和外部同时发力。一方面，各金融机构需要根据自身需求制订相应的人才培养计划，通过人才引进、开展职业培训、鼓励自学、加强交流等多种方式培养大数据金融人才。其中的关键在于构建合理的人才梯队，提高企业凝聚力、留住核心人才、提升核心竞争力、提高专业技术人员产出。另一方面，依托安徽省高校力量，加强与中国科学技术大学、合肥工业大学、安徽大学、安徽财经大学等高校的合作，通过专业共建、共同制定金融人才培养方案、共同开发课程、共建实习实训基地等方式促进高校与金融机构之间的双向交流，改变传统的被动式人才培养模式，为省内金融机构培养更多符合实际需求、适应新金融发展需要的应用型金融人才。

# 第三章　区块链技术以及在金融行业的应用

随着以“比特币”为代表的虚拟加密货币的风靡，区块链技术被越来越多的大众所熟知。区块链（Blockchain）是比特币的一个重要概念，它本质上是一个去中心化的数据库，是比特币的底层技术，是一串使用密码学方法相关联产生的数据块，每一个数据块中包含了一批次比特币网络交易的信息，用于验证其信息的有效性（防伪）并生成下一个区块。区块链的核心是分布式数据存储、点对点传输、共识机制、加密算法等计算机技术的新型应用模式，其作为一种底层技术可以通过与人工智能、大数据和云计算等进行有效结合，从而应用于各类金融场景。

## 第一节　区块链的技术分析

### 一、区块链技术的概念

区块链技术起源于2008年由笔名为“中本聪”的学者发表的奠基性论文《比特币：一种点对点电子现金系统》。区块链从狭义上讲是一种按照时间顺序将数据区块以链条的方式组合成特定数据结构，并以密码学的方式保存的不可篡改和不可伪造的去中心化共享总账，能够安全存储简单的、有先后关系的、能在系统内验证的数据。广义上的区块链技术则是利用加密链式区块结构来验证与存储数据、利用分布式节点共识算法来生成和更新数据、利用自动化脚本代码（智能合约）来编程和操作数据的一种全新的去中心化基础架构与分布式计算范式。从技术上来说，区块链技术是集点对点网络、分布式计算、数据存储、密码学、共识算法等核心技术为一体的技术体系。

### 二、区块链系统的结构

区块链系统由数据层、网络层、共识层、激励层、合约层和应用层组成。数据层封装了底层数据库以及相关的数据加密和时间戳等技术。网络层则包括分布式组网机制、数据传播机制和数据验证机制等，通过这些机制让区块链系统中的每一个节点参与区块数据的校验和记账过程，只有区块数据通过大部分节点的验证才能计入区块链。共识层主要包括网络节点的各类共识算法，其中三种主流的共识机制是POW、POS、DPOS，共识技术使得区块链技术能够在决策权高度分散化的去中心化系统中使得各节点高效地针对区块数据的有效性达成共识。激励层将经济因素集成到区块链技术体系中，主要包括经济激励的分配机制和发行机制，区块链系统通过将激励机制与共识过程相结合，来集合大规模的节点参与并形成对区块链历史的稳定共识。合约层主要包括各类脚本、算法和智能合约，是建立在区块链虚拟机上的商业逻辑和算法，是实现区块链系统灵活编程和操作数据的基础。应用层则包括了区块链的各种应用场景和案例。

## 三、区块链的应用形态

区块链技术的应用系统结构灵活，根据区块链的可扩展节点范围，区块链分为公有链、联盟链、私有链和侧链四种应用形态。公有链是任何人都能够参与共识机制形成的区块链组织架构。无论采取何种共识机制，没有节点可以组织其他新节点加入区块链，比特币就是典型的公有链。联盟链的参与主体是由构建区块链的组织或个人决定的，只有通过确认后，新节点才能加入联盟链。例如多家大型金融机构组成的区块链联盟——R3CEV，其主要职责是制定金融行业区块链技术开发标准。私有链是由开发人员指定参与成员，仅对特定主体内部开放，不对外公开；通常用于机构内部的数据管理和审计。侧链是在主区块链的基础上锚定了主区块链某个节点而形成的新区块链。主链与侧链之间可以进行数据交换，从而提升主链的可扩展性，也扩大主链的应用范围。区块链的初创公司——区块流就是在比特币的主区块链的基础上开发的侧链。根据不同的应用场景和用户需求，金融机构可以选择不同的应用形态。

## 四、区块链技术的特点

### （一）分布式记账

区块链独特的网络层设计机理，使其不依赖于中心化的服务器，一般采用对等式网络（P2P 网络），让所有的节点参与到网络路由、验证区块数据、传播区块数据等功能中，任何一个区块数据的生成，都将通过传播到网络中来加以验证，同时全网数据存储于去中心化系统的所有节点上，根据存储的数据量的不同分为全节点和轻量化节点，即使局部的节点失效，区块链主链数据都可以保持其完整性。与云存储相比，区块链存储模式是完全去中心化的存储模式，更加安全，而云存储是基于中心化结构的多重存储，即多中心化模式。

### （二）共识机制

在传统的互联网模式中，不同个体需要通过第三方中介机构，如银行等，来建立信用和进行交易。区块链技术通过共识机制（如 POW、POS、DPOS 等）让不同节点建立信任、获取权益，能够在决策权高度分散的去中心化系统中，使得各节点对区块数据的有效性达成共识，同时保证达成共识的效率。

### （三）不可篡改性

区块链数据的不可篡改性是由其加密技术和数据结构来保证的。区块链技术要求数据区块的区块头中加盖时间戳，并且按照时间的先后顺序依次排列。时间戳存储了一段时间的所有的交易数据，可以检验和查找这段时间的每一笔交易数据，并通过区块链结构对每一笔数据追本溯源。当区块形成时会通过网络广播到全网节点，并让其他节点参与验证，通过验证便将区块存储起来。如果要篡改历史信息，必须掌控系统中超过 50% 的节点，但是其投入的成本远超其成功实施攻击后的收益。

### （四）智能合约

智能合约是由事件驱动的、具有状态的、运行在可复制的共享区块链数据账本上的计算机程序，能够实现主动或被动地处理数据，接受、存储和发送价值，以及控制和管理各类链上智能资产等功能，例如公司可以限定某笔款项只用于项目的研发。在传统金融资产的发行、交易、创造和管理上，智能合约提供了创造性的解决方案，而且在社会系统的合同管理和资产管理上也具有很高的应用价值。

## 第二节　金融领域区块链技术的应用

### 一、区块链技术在供应链金融中的应用

供应链是指由产品生产和流通所涉及的各环节的企业、部门所组成的生产网络，主要包括材料获取、加工以及半成品的运输配送等环节。供应链管理是指处于供应链各个节点上的企业管理行为，要求各个企业通过强化合作、共享信息，形成良性激励机制，从而提高流通效率。在供应链链条上主要有原材料供应商、生产商、批发商以及物流商共同构成。供应链金融是对一个产业供应链中的多个企业或上下游中的多个企业提供全面的金融服务，来促进供应链核心企业以及上下游企业“产—供—销”链条的稳固和顺畅运转，并通过金融资本与实业经济协作，构筑银行、企业和商品供应链良性互动的产业态。根据供应链场景的不同，供应链金融业务主要有以下三种模式：应收类融资、预付类融资和存货类融资。而传统供应链金融依然存在许多问题制约自身发展。例如，供应商（融资企业）信用信息记录不全，银行对其风险水平不能够准确界定；另外，存货融资、预付款融资局限于传统的抵押贷款，二级以上的供应商与经销商难以获得融资；还有，人工授信的审批流程烦琐，中小微企业难以授信，且授信额度、已用额度、剩余额度变化存在滞后问题，特别是融资完成后，存在着难以及时履约、清算滞后等问题。

供应链应用区块链技术就是将采购、制造、销售等阶段上的数据记录到链上，如在采购阶段将原材料的生产证明信息、特征识别标签等关键信息通过哈希函数记录到区块链上，在制造阶段输入产品制造的每一种原材料，并记录制造方、时间戳等信息，销售阶段将每一件产品标签连接到产品原材料、制造商等区块链证明。以区块链技术为基础，供应链各环节的参与方共同搭建联盟链，并且在链上的各参与方透明共享信息平台和追溯流程。采用区块链的供应链金融平台可为各方、各环节提供服务，其能够解决传统供应链金融出现的问题。首先，区块链技术能够将融资企业的每笔交易记录写入区块链，作为银行授信依据，有助于解决核心企业不愿提供信用背书的难题；其次，供应链金融业务参与机构可以凭借区块链技术建立一个信息共享的联盟平台；再次，依据区块链上的历史记录职能调整剩余可用额度，同时可以借助智能合约实现按时还款和清算。

经过十几年的发展历程，国内经历从供应链金融 1.0 的“1＋N”商业模式到供应链金

融 3.0“N＋N”的商业模式。供应链金融 1.0 是以人工授信批准为主，银行根据核心企业“1”的信用支撑，以支持对众多的中小微企业“N”的授信，因此又称为“1＋N”模式。这在一定程度上降低了银行对核心企业上下游的供应商和销售商的授信风险，但是采取人工授信的方式，成本高、效率低。供应链 2.0 是以银企直联为核心，核心企业采取自动化 ERP 管理供应链，银行与企业形成“银企直联”协议，一方面提高了银行服务竞争力，另一方面也可以达到批量获客目的。供应链金融 3.0 以平台为核心，整合商流、物流、资金流成为“三流合一”的信息平台，银行掌握供应链上所有成员交易信息，以“互联网＋”思维不断创新，将目标瞄准中小客层，运用互联网技术降低银行操作成本与风险管控成本。

## 专题 3－1　国内首家混合所有制供应链公司“蚌埠网盛”

金融供给侧改革聚焦小微融资难题，中央层面针对金融供给侧改革频频发声，关注解决小微企业融资难、融资贵的问题，供应链金融迎来大发展。但在实际操作的过程中，处于供应链核心地位的优秀民企往往并不缺钱，其可以利用规模化效应，既可以对上游企业采取赊账的采购方式，也可以要求下游企业即时付账。这导致了位于供应链上下游的很多中小企业面临现金短缺的困境，这类企业财务质地不佳，对出借方而言风险较大，于是信贷资金通过供应链支持民营企业成为当下的一种模式。

2019 年 6 月，安徽省蚌埠市人民政府与网盛生意宝合作成立的“蚌埠供应链金融服务中心”正式启动。根据合作，双方已成立国内首家混合所有制供应链公司——蚌埠网盛供应链管理有限公司，该公司注册资本 1000 万元，由网盛生意宝为大股东的上海网盛凯石供应链管理有限公司出资 700 万元，蚌埠投资集团旗下安徽晟淮金融控股有限公司注资 300 万元设立。双方共同运营“蚌埠供应链金融服务中心”，该中心是国内首个由政府主导的供应链金融服务中心，该项合作由蚌埠市政府指定蚌埠投资集团控股的蚌埠融资担保集团（注册资金 18.5 亿元）具体实施。双方将利用各方资源通过金融支持实体的方式缓解蚌埠市内中小企业融资难、融资贵等难题，助推地方供应链经济发展。

该平台是应产业发展需求而生，主要为流动性紧张的供应链环节企业服务。服务对象涵盖供应链环节的核心企业，也包括核心企业的上游供应商，以及其下游客户或经销商。供应链的运作以核心客户为依托，以真实的贸易背景为前提，运用自偿性贸易融资的方式，配合第三方监管等手段，封闭供应链环节的资金流或者控制物权，为上下游企业提供授信、结算、理财等综合性金融产品及服务。该平台最大的创新之处在于利用区块链和大数据技术，综合银行、政务、第三方支付以及产业供应链中的信息和数据，提高金融流通效率，满足小微企业的融资需求，助力实体经济的发展。此外，借助供应链金融的借贷模式，还有助于将原本的买卖双方“应收-应付”的弱法律关系转变成“借贷-担保”的强法律关系，在很大程度上也防止了坏账的发生。

## 二、区块链技术在网络借贷行业的应用

近年来，互联网金融业发展迅速，其业务模式也不断丰富。但是互联网金融在快速发展的同时，由于行业门槛低、竞争激烈、监管难等原因，使得市场波动剧烈，网络借贷平台相继出现提现难、倒闭、跑路等问题。网贷之家发布的《2018 年中国网络借贷行业年报》显示，2018 年全年停业及问题平台总计 1279 家，其中问题平台达到 658 家，停业及转型为 621 家，给整个互联网金融业带来十分恶劣的影响。在行业监管方面，2018 年 4 月中国银行保险监督管理委员会正式挂牌，P2P 网贷被明确纳入其监管范围。同年 9 月，中国互联网金融协会在“全国互联网金融登记披露服务平台”上正式公布了首批 25 家 P2P 存管银行白名单。目前，P2P 网贷行业风险形势依然错综复杂，存量风险尚未消化，增量风险时有发生。

传统互联网金融平台上，投资者、平台方以及融资者之间存在信息不对称等现象，在彼此之间难以建立有效的信任机制。投资者与融资者之间的信息不对称主要体现在两方面：其一，融资人提供的信息难以判断其资信状况，只能根据平台提供的信用信息判断；其二，融资人可能为了融资隐瞒不利信息。投资者与平台之间也会存在信息不对称的现象：一方面，为了在激烈的竞争中谋得生存和发展，平台不会充分披露融资者的详细信息；另一方面，平台如果定位为信息中介，对借款人的风险和标准降低，容易产生违约风险。在监管方面，由于互联网金融作为跨界融合的新生业态，存在行业信息了解难、监管难等问题，即便 2018 年原银监会与原保监会合并成立银保监会，且明确将 P2P 纳入监管，但是仍难以对 P2P 行业进行实时监控。区块链技术通过分布式存储、加密算法、共识机制、智能合约等特点，与现如今互联网金融发展的弊端存在一定的互补性，能够促进互联网金融的良好发展。

区块链技术通过公开账本信息，信息公开确认，通过计算机程序构建信任，从而实现出借人和借贷人真正意义上的“点对点”交易，更加明确互联网金融平台作为金融中介的角色。一方面，区块链的共识机制以及加密算法保证了信息的准确性和稳定性，同时为用户之间建立信任；另一方面，由于区块链技术的分布式存储以及 P2P 组网方式，实现了投资者与融资者间“点对点”的直接交易，降低金融成本，同时保证交易数据的安全性。在监管方面，区块链可以利用其 P2P 分布式组网、智能合约等技术手段来创新金融监管。监管机构可以在整个区块链系统中作为观察节点，来参与交易信息的共识验证，做到实时了解监控业务发生的真实信息，提高监管效率。此外，监管机构还可利用区块链技术将法律和监管规则生成数字化编码，写进区块链技术的智能合约，极大地方便了监管机构的信息获取，提升了监管渗透度。

### 专题 3－2　安徽薪火科技的“区块链＋互联网”金融解决方案

当前，整个互联网金融行业已经脱离了野蛮生长的阶段，迫切需要强化行业数据统计和风险监测，准确掌握平台底数和风险程度，进一步强化风险预警功能。同时，需要进行金融科技创新，探索制定对于包括互联网金融在内的金融创新业态具有普适

性的监管规则，建立起一套长效监管机制，实现监管与创新的平衡，推动行业健康发展，有效防范化解风险。

合肥薪火信息科技有限公司成立于2014年1月17日，注册资金2000万元，是一家位于安徽省合肥市的科技企业，专注于区块链、人工智能及互联网金融等领域的解决方案研究和软件技术开发。2017年11月3日，合肥薪火信息科技有限公司荣获“国家级高新技术企业”；2018年10月25日，荣获“合肥市大数据企业”。为了解决互联网金融行业发展过程中出现的问题，薪火科技公司提出“联盟链＋互联网”金融解决方案，利用区块链技术，在监管机构、理财端平台、项目提供方之间搭建联盟链进行客户信息共享，将项目风险评测、财务记账、风控措施、交易资金流转等方面信息链上存储；通过区块链技术独特的信任机制，建立一个基于金融项目本身的衍生于项目内部的全新的风控体系，比传统风控方式效率更高、维度更广，有效提高金融行业的运行效率。运用区块链技术搭建联盟链，利用其信任机制和不可篡改的特点，恰好弥补互联网金融风控方面的缺失，让互联网金融的环境更加安全透明。

如图3-1所示，通过构建互联网金融联盟平台，可以实现将资产交易流转信息及联盟链上下游平台运营方及项目提供方企业信息上链，确保交易公开透明、信息多方认证共识，并提供区块链浏览器进行交易、款项、信用等信息查询。由此可以实现以下几个主要的优势：首先，可以利用区块链技术记录重要客户信息和交易信息，提供多方信任，保证交易可见的同时保护客户隐私。其次，平台则可以通过黑名单、白名单信用机制，使用撮合机制提供增值服务。再次，监管机构可以通过与中介机构联通，确保用户身份识别和信用筛选，通过共识算法验证交易，保证监管机构对节点的控制和可见，同时实现同行业的P2P平台之间信息共享，形成一个完整的金融行业自律沙盒风控链。最后，可以通过引入第三方技术及监管机构参与，形成对共识算法中主体的补充，并形成激励机制。

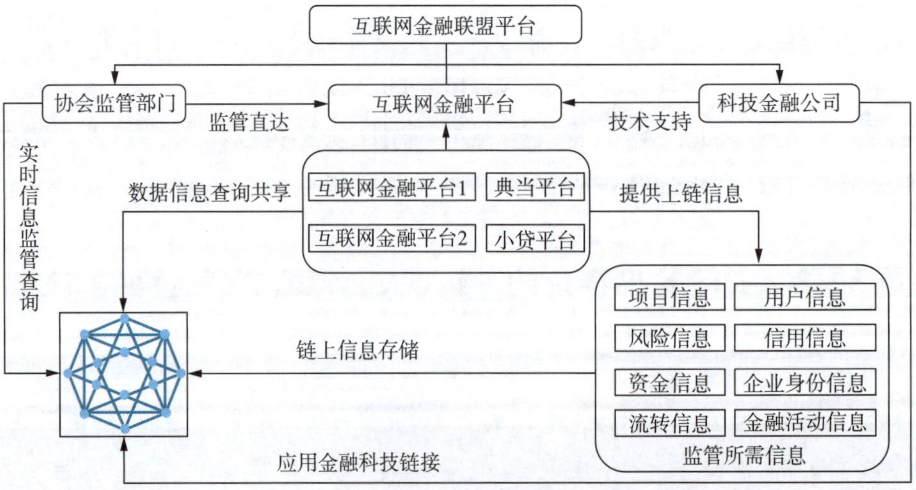


图3-1 互联网金融联盟平台结构图

## 三、区块链技术在跨境支付清算的应用

跨境支付一般是指两个或两个以上国家和地区之间因国际贸易、国际投资及其他方面发生的国家间的债权债务，借助一定的结算工具和支付系统实现的资金跨国和跨地区转移的行动。根据市场参与方的不同，我国跨境支付市场可以分为四种模式：银行电汇、专业汇款、国际信用卡以及第三方支付。传统跨境支付主要存在以下问题：第一，耗时较长。跨境支付中绝大部分都是 B2B 支付，而且主要依赖银行渠道进行，由于银行渠道需要经过开户行、央行、境外银行，并且每一个机构都有自己的一套记账系统，导致银行对交易的记录以及与对手银行的交易清算耗时较长。第二，手续费用较高。以电汇为例，中国银行按照汇款金额的千分之一收取手续费（最低人民币 50 元），另外还要收取 150 元人民币的电报费，如果是外钞汇款，银行还会收取现钞兑换成外币现汇的差价。第三，资金占用较多。客户在银行开设的保证金账户占用客户的资金，同时银行需要持有多个国家的货币，以保证资金的流动性，从而降低了资金的使用效率。第四，安全性低。传统的跨境支付是以第三方中介机构来完成，中介机构积累了大量的客户和交易信息，容易遭受黑客和不法分子的窃取。

借助区块链中的去中心技术，应用到跨境支付中可以克服传统跨境支付业务模式的问题，比如时效性差、费用高、安全性低以及持续性差等问题。基于区块链的跨境支付通过将计算机、密码学、数学等技术结合起来建立不熟悉交易双方之间的信任，改变传统的凭借第三方中介机构来实现信任和价值的传递。区块链技术应用于跨境支付具有以下几点优势：第一，与传统的跨境支付不同的是，区块链技术使得点对点之间的支付成为可能，减少中间机构的参与，缩短跨境支付的支付链条，从而缩短跨境支付的时间，区块链基本上可以保证实时到账。例如国内银行的电汇平均时间需要 2～3 个工作日，而区块链只需要 5 秒至 10 分钟。第二，降低成本。区块链实现了客户点对点之间的支付，不需要中介机构的参与，所以消除了中转银行费用。另外，由于区块链的时间戳和共识机制，所有交易记录可以追溯并且不可篡改，使得区块链不需要额外成本建立信用体系。第三，加强流动性。区块链支付系统点对点的交易特性使得交易的处理能够实时完成，降低了在途资金的占用量，并且银行只需要使用某种被双方认可的数字货币，避免了额外储存其他货币，从而减少其他货币的占用。

## 四、区块链技术在证券行业的应用

区块链的典型特征包括去中心化，使得交易不需要第三方提供信用，也不需要交易双方提供额外的私密信息。另外，区块链利用密码学和数学算法帮助互不相识的交易双方实现信任，并且区块链可以通过脚本编程为链上交易设置条件，只有满足条件才能实现特定的功能。而证券市场中介组织、机构繁多，证券市场对信息真实性的要求以及证券发行、清算、交收、分红、资产证券化多种场景的存在，再加上区块链的特性对证券市场具有高度契合性，使得证券市场是区块链技术积极运用的领域。2015 年美国纳斯达克就正式公布了他们的区块链产品——Linq（首个由已建立的金融服务公司推出的，说明资产交易如何通过区块

链平台来进行数字化管理的产品），为非上市企业提供证券私募融资服务。区块链将对现行的证券市场的发行、交易清算、登记托管等诸多环节带来翻天覆地的变化。

区块链技术的应用，可以解决证券的发行交易过程中存在的信息不对称问题，保护投资者的利益。通过构建统一的工作平台对各方数据进行集中管理使用，避免证券发行人因为相对于投资者具有信息优势，而通过虚假披露牟利的可能性，并规避股票保荐机构与承销机构之间因为利益冲突而导致证券公司参与发行人造假的隐患。而在证券交易方面，区块链的智能合约技术可以实现买卖双方的自动配对和撮合成交，结合计算机算法实现交易的自动化。区块链的网络传播机制使得每个节点都存储全部的交易信息，保证交易信息的完整性，而区块链的时间戳具有不可篡改性，确保了全部交易过程的安全性。整个发行和交易过程，买卖双方都是点对点的交易，免去经纪商代理作用产生的费用。在证券结算与清算方面，区块链的网络传播机制可以使得任意区块数据生成后，在当前区块链交易中每一笔交易完成后即公告于网络并将交易信息记录在每个区块中，不需要第三方清算机构单独进行账簿记载和清算结算。整个清算过程能够在短时间内迅速完成，相比较于传统交易的结算清算需要的“T＋1”天，清算结算效率会大大提升。在证券登记与托管方面，可以利用区块链技术打造一个由所有节点共同维护的公开账簿，实现区块链平台上，证券的交易以及所有权情况都以数字的形式记载在每一个区块上，不依赖于传统的登记机构，并且区块数据都经过全网节点的验证，所以其不需要第三方存管机构来花费时间再采集信息，进行证券的登记和确权；证券的交易信息和所有权信息每十分钟就生成一个区块，并在全网进行传播和更新，确保区块链的总账保证实时更新。另外，除登记业务以外，传统的证券市场中代理股票投票、股权拆分、权益分派等给予登记而派生的业务，都可以借助区块链和智能合约实现。证券登记存管部署在区块链后，将衔接起证券发行、证券清算交收等流程，实现证券区块链的有序运行。

## 第三节 安徽省区块链产业发展现状

2016 年 12 月，《国务院关于印发“十三五”国家信息化规划的通知》中首次提及区块链，将其与量子通信、人工智能、虚拟现实、大数据认知分析、无人驾驶交通工具等技术一起作为重点前沿技术，明确提出需加强区块链等新技术的创新、实验和应用，区块链技术引进上升到国家科技战略层面。为把握区块链产业发展机遇，安徽省各地政府出台区块链技术和产业发展政策，见表 3－1 所列。

表 3－1 安徽省区块链产业发展相关政策汇总（2017—2019 年）

| 发文机关 | 文件名 | 要点 |
| --- | --- | --- |
| 安徽省人民政府 | 《安徽省人民政府关于深化“互联网＋先进制造业”发展工业互联网的实施意见》 | 在构筑充分对接新一代信息技术的智慧制造体系中，明确提出要加大关键共性技术攻关力度，其中包括促进边缘计算、人工智能、增强现实、虚拟现实、区块链等新兴前沿技术在工业互联网中的应用探索 |

（续表）

| 发文机关 | 文件名 | 要 点 |
|---|---|---|
| 安徽省人民政府 | 《支持数字经济发展若干政策》 | 在大力培育数字经济平台方面，支持各类企业和创业者以工业互联网（云）平台为基础，利用大数据、物联网、人工智能、区块链等新技术，积极培育平台经济、分享经济等新业态、新模式 |
| 安徽省人民政府 | 《关于进一步扩大和升级信息消费持续释放内需潜力的意见》 | 开展基于区块链、人工智能等新技术的试点应用，加快在工业控制、智能工厂等新兴应用领域的发展 |
| 合肥市人民政府 | 《合肥市培育新动能促进产业转型升级推动经济高质量发展若干政策》 | 在鼓励自主创新方面，鼓励经市级认定的大数据企业围绕智慧城市、区块链、人工智能，加强业务驱动，开展场景应用创新。经市级备案，运用企业自主知识产权的核心技术开发智慧城市场景应用产品，且经专家委员会评审认定研发完成并上线运营的项目，给予 20 万元一次性奖补 |
| 淮北市人民政府办公室 | 《淮北市物流业“十三五”发展规划》 | 推动云计算、大数据、物联网、自动识别、区块链等技术在物流运输、仓储、配送等领域的应用 |
| 合肥市庐阳区人民政府 | 《庐阳区推动金融业发展扶持政策》 | 在鼓励金融创新发展方面，设立金融创新奖励，对在庐阳区范围内创新开展金融业务并具有较强示范引领的，以及运用大数据、云计算、人工智能、区块链等技术开展金融业务创新并防控风险取得显著成果的金融企业，最高给予 300 万元奖励 |

近年来，在相关政策与政府的支持下，安徽省涌现了一批区块链产业相关的科技公司，依托长三角信息互联互通等优势，在金融、交通、司法、农业养殖和评标评审方法等方面取得了一定的成果，同时通过举办研讨交流和社会组织等形式强化区块链技术的交流和应用。表 3 - 2 中列出了一些具有代表意义的区块链产业发展的大事件。

表 3 - 2 安徽省区块链产业发展大事件（2018—2019 年）

| 地 区 | 事 件 | 领 域 | 要 点 |
|---|---|---|---|
| 长三角 | 长三角七城地铁“一码通行” | 交通 | 携手支付宝启动区块链技术试点应用，也是“一码通行”得以实现的另一大技术法宝。据介绍，七城扫码乘车应用系统充分利用区块链分布式账本不可篡改的特性，较好地解决了异地乘车信息互通共享等问题 |
| 长三角 | 全国首个区域司法链现身长三角 | 司法 | 上海、浙江、江苏、安徽四地法院引入支付宝的蚂蚁区块链技术，成立长三角司法链，推动长三角司法一体化，实现审判执行全程上链，影响审判质量效率、影响司法公信力的关键环节全都被盖上区块链的“戳印”，在方便群众诉讼、服务法官办案、提升审判质效、促进司法公开等方面具有重要作用 |

（续表）

| 地　区 | 事　件 | 领　域 | 要　点 |
|---|---|---|---|
| 安徽寿县 | 金融科技养殖 | 农业 | 众安科技宣布首次将区块链、人工智能、防伪等技术应用在农村散养鸡养殖上，并联合连陌科技等合作伙伴推出“步步鸡”品牌。此次金融科技养殖将以“步步鸡”为切入，借以区块链、人工智能等金融科技，深度挖掘农村资源优势和市场，推进农村信任经济发展，实现农业品牌绿色化和高端化，进而助力农户脱贫致富 |
| 宿州市 | 远程异地评标常态化 | 投标、招标 | 宿州市采用的“易彩虹”平台基于“区块链”“大数据”“人工智能”“可视化”等先进技术理念研发设计，采用“易彩虹”平台系统的各方平台工作人员可通过平台录入远程异地评标评审项目及专家信息、对远程异地评标评审主会场及副会场场地进行预约、对评标评审过程四合一监控、利用区块链技术将评委手写签名信息和评标评审报告进行去中心化存储等 |
| 安徽省 | 安徽省区块链俱乐部成立 | 社会组织 | 安徽区块链俱乐部定位为区块链领域资源共享平台、交流学习平台，是民间的、公益的、非营利性组织 |
| 合肥市 | 2019 中国数字经济与区块链创新应用高峰论坛 | 交流研讨 | 在工业和信息化部软件与集成电路促进中心的指导下，由合肥市人民政府、安徽省工业和信息化研究院主办，安徽省广播电视台、合肥市高新产业技术开发区管委会、合肥市地方金融监督管理局协办，人民日报海外网区块链频道和币报道、高科新链、创飞集团联合主办的“2019 中国数字经济与区块链创新应用高峰论坛”，于 2019 年 6 月 23 日圆满落幕。众多行业嘉宾、专家学者、投资机构参加本次峰会，讨论了数字经济与区块链技术应用创新，为安徽数字经济发展提供新航道，通过以区块链技术为核心的数字技术赋能实体经济，为皖江经济走廊与承接长三角产业转移经济带提供全新的数字技术底层基础设施 |
| 合肥市 | 2019 区块链与大数据高峰论坛 | 交流研讨 | 本次论坛由全国大数据教育联盟主办，来自全国各地的 100 多所高校和单位的代表参加此次论坛，此次论坛旨在促进高校和企业之间技术人才的培养需求，探索区块链与大数据技术高校人才培养的结合模式，全国高校大数据教育联盟未来更希望企业与高校结合，培养社会上急需的大数据人才 |

## 第四节　安徽省区块链金融技术发展展望

### 一、创新思维，撮合信息合作

尽管安徽省内金融行业的监管者和从业者对区块链技术的价值和应用前景都有着充分认识，一些政府机构如合肥市蜀山区人民法院已经开始将区块链技术应用于实践，通过利用区块链技术构建了“区块链电子证据平台”，解决当事人自行收集电子证据时存在的困难，但是安徽省内区块链金融技术的应用发展目前仅处于起步阶段。区块链技术的特征要求了其在金融行业的应用离不开跨行业、跨部门和多机构的信息共享，通过多源信息的整合服务、金融产业的决策和业务的开展，安徽省内的传统金融机构在区块链技术的开放和应用方面处于摸索阶段，尚未能形成与之相适应的思维方式。作为一种基础的技术手段，区块链技术在金融行业的应用往往从底层设计开始，因此推动区块链金融技术的发展，首先需要金融行业的决策者打破传统的思维模式，主动认识到区块链技术在金融行业的应用价值，打破传统的各部门之间的壁垒，采取更加开放、互联的思维模式，通过设立跨职能的组织架构或者成立专门的部门，加强各部门、各机构和各行业之间的沟通协作，打造基于区块链技术的产品开放创新平台。

## 二、制定标准，规范行业准入

不同于其他产业，金融行业信息具有高度的敏感性，对于信息安全性的要求远远高于其他行业和产业。区块链技术在金融行业的应用意味着要改变传统中心化的信息存储模式，建立分布式信息存储数据库，在整个区块链上实现信息的共享和共同维护，在一定程度上增加了金融机构信息安全保护的难度。传统金融机构面临的最大困难在于区块链上合作伙伴的选择，尤其是跨行业合作企业的选择。为解决此问题，需要监管部门或者行业协会，制定行业的准入标准，通过一定的考察和遴选机制实现对“上链”企业的有效筛选，确保信息使用和来源的安全性，降低金融机构的选择成本，同时也需要对提供区块链技术服务的企业和技术供应方制定一定的准入标准和门槛。此外，为了确保行业长期、持续的稳定运行，还需要建立相应的白名单和黑名单制度，对行业内的参与者进行监督和持续跟踪。

## 三、加强监管，保障信息安全

区块链技术在金融行业应用过程中可能存在众多安全风险点。首先是秘钥安全，区块链技术一大特点就是不可逆、不可伪造，但前提是秘钥是安全的，任何一个参与个体的密钥风险问题都会影响到整个区块链和链上所有参与者的信息安全。此外，在数据安全方面，区块链大量应用了各种密码学技术，属于算法高度密集工程，出现错误在所难免，一旦爆发这种级别的漏洞，区块链整个大厦的基础将轰然倒塌，区块链中所有用户的信息将会遭到泄露，这将会给用户带来巨大的损失，也会给社会带来巨大的不稳定性。为了保障信息安全性、规避可能存在的风险，就要求金融的监管者和行业协会制定明确的法律条款和规章制度，通过加强监管保障区块链在技术层面和业务层面上的安全性。

# 第四章　人工智能技术以及在金融行业的应用

人工智能（Artificial Intelligence），英文缩写为 AI。它是研究、开发用于模拟、延伸和扩展人的智能的理论、方法、技术及应用系统的一门新的技术科学。作为第三产业中的明星行业，金融业属于典型的劳动密集型行业，有关报告显示我国金融行业的从业者将超过一千万人，劳动力是金融行业的关键生产要素。人工智能是内涵十分广泛的科学，它由不同的领域组成，如机器学习、计算机视觉等。总的说来，人工智能研究的一个主要目标是使机器能够胜任一些通常需要人类智能才能完成的复杂工作，其核心思想在于使用机器和程序取代人工劳动，在金融行业具有广阔的应用前景。

## 第一节　人工智能技术的定义和内涵

人工智能之父约翰·麦卡锡最早提出“人工智能”的概念，他认为人工智能就是试图让机器的行为看起来像人所表现出的智能行为一样。它企图了解智能的实质，用计算机科学来实现这一程序。该领域的研究包括机器学习、知识图谱、自然语言处理、计算机视觉等。尼尔逊教授对人工智能下了这样一个定义：“人工智能是关于知识的学科——怎样表示知识以及怎样获得知识并使用知识的科学。”而另一位美国麻省理工学院的温斯顿教授认为：“人工智能就是研究如何使计算机去做过去只有人才能做的智能工作。”这些说法反映了人工智能学科的基本思想和基本内容，即人工智能是研究人类智能活动的规律，构造具有一定智能的人工系统，研究如何让计算机去完成以往需要人的智力才能胜任的工作，也就是研究如何应用计算机的软硬件来模拟人类某些智能行为的基本理论、方法和技术。

人工智能是计算机学科的一个分支，20 世纪 70 年代以来被称为世界三大尖端技术（空间技术、能源技术、人工智能）之一，同时也被认为是 21 世纪三大尖端技术（基因工程、纳米科学、人工智能）之一。这是因为近三十年来它获得了迅速的发展，在很多学科领域都获得了广泛应用，并取得了丰硕的成果，人工智能已逐步成为一个独立的分支，无论在理论和实践上都已自成系统。其中图像处理比较常见的是分类任务，语言识别和自然语言处理大部分是序列标注任务，这三个方向基本上都是有监督学习，即需要大量的有标签数据。从人工智能的概念被提出以来，学界就非常关注其广泛的应用场景和前景，因而其相关的理论和技术都有了很大的发展。

2006 年，杰弗里·辛顿等人发表论文《深信度网络的一种快速算法》，在人工智能基础理论方面取得重大突破，宣告了新一次人工智能浪潮的到来，也宣告了人工神经网络向深度学习的进化。随后，深度学习的基础理论研究不断深入，深度学习也成为人工智能领域最炙手可热的研究方向，并直接导致了今日人工智能的繁荣。从 2016 年起，人工智能的重要地位日渐凸显出来。党的十八大以来，党和国家领导人把创新摆在国家发展全局的核心位置，高度重视人工智能发展，多次谈及人工智能重要性，为人工智能如何赋能新时代指明了方向。2017 年，国务院印发《新一代人工智能发展规划》，提出要创新智能金融产品和服务，发展金融新业态，鼓励金融行业应用智能客服、智能监控等技术和装备，建立金融风险智能预警与防控系统，将人工智能上升为国家战略。2018 年，人工智能再度被写进政府工作报告。近年来，国内外众多科技公司都投身人工智能技术的开发和应用，而国内多行业的传统巨头和互联网巨头都在积极建设 AI 生态，其中既包括以华为、百度、腾讯和阿里为代表的科技公司，也包括以平安为代表的金融企业。

## 第二节　金融人工智能的核心技术

目前各行各业都在不断探索人工智能的种种可能，金融业作为现代经济的核心，人工智能等新型金融科技的应用足以颠覆传统金融业。从 2011 年金融科技带来业务模式变革和效率提升的 1.0 时代，到互联网金融 2.0 时代，大数据、云计算、人工智能、区块链的发展，并与金融领域深度融合，带动我国金融科技进入 3.0 时代。2017 年，中国人民银行也成立了金融科技委员会，加强金融科技工作的研究规划和统筹协调，积极探索利用人工智能等技术，丰富金融监管手段。“人工智能＋金融行业”的特点是技术提供方主要通过创立、合作、赋能的方式为传统金融机构提供各类技术产品及解决方案。人工智能技术在金融行业主要有以下几个应用产品。

### 一、计算机视觉

首先，计算机视觉技术是可以对目标进行分类的，可以理解为计算机看到一张图片，并给出这张图片所描述事物的所属类别。该技术目前已经在车险索赔领域开始应用，主要的用途是涉事的车主使用手机上的相机对车的破损部位进行拍照，将图片上传给保险公司，随后保险公司即可使用图像处理技术对车的破损部位进行自动鉴定，并根据鉴定结果将对应的赔偿金额返给涉事车主，实现完全的线上操作。人工智能的视觉技术为保险公司的小额索赔事件所需的人工成本和时间成本带来了巨大缩减。

另外，该技术还有一个主要的方向即光学字符识别，指的是通过光学扫描的技术手段将各种报刊、票据、发票及其他印刷品等图像信息里面所含的文本信息抽取出来。该技术可应用于银行票据录入、纸质版表格导入、文案录入和档案卷宗整理等各种文本信息抽取场景中。不过该技术也不能保证百分之百的准确率，因此应用该技术时，需要辅以人工审查或公式校对等后续加强工作，以进一步提升该技术的可靠性和实用性。

## 二、自然语言处理

自然语言处理就是利用计算机对人类特有的书面形式的自然语言信息进行各种类型处理和加工的技术。自然语言处理的研究领域包括机器翻译、自动文摘、信息检索、文档分类、问答系统、信息抽取、舆情分析、文本校对等多个方向。下面针对一些应用比较广泛的技术来进行分析。

首先是自动文摘，对于投资顾问来说，他们每天需要获取大量的财经新闻的信息，使用自动文摘可以对一篇文章进行精简化处理，方便他们进行快速阅读，在短时间内了解这篇文章的主要内容，提高工作效率。其次是信息检索，该技术主要是在搜索引擎方面应用广泛，在金融领域里面，也可构建基于公告文书、订单信息或用户资料的信息检索系统，方便金融从业人员快速获取信息。金融搜索引擎公司“融 360”今年推出了国内首个人工智能金融搜索引擎产品“人工智能牛”，有效地整合了自身独有的金融数据报告资源、大数据、人工智能技术，开创了智能金融搜索的先河。文档分类可以应用于新闻归类，问答系统的应用则更加广泛，该技术目前在保险领域和金融产品咨询领域广泛应用，可以为客户提供一些基本的信息查询和问题解答。

## 三、机器学习

机器学习是人工智能的核心，它是一门多领域交叉学科，涉及概率论、统计学、逼近论、凸分析、算法复杂度理论等多门学科，专门研究计算机怎样模拟或实现人类的学习行为，以获取新的知识或技能，重新组织已有的知识结构使之不断改善自身的性能。目前很多金融公司已经开始在业务中利用起这项技术，以利用自动化业务流程，降低运营成本，并通过提高生产力和改善用户体验增加营收，同时还可以加强信息的安全性、保密性。有了各种各样的开源机器学习算法和工具，公司就能更好地把它们用于财务数据分析。此外，成熟的金融服务公司往往拥有大量资金，他们也负担得起在最先进的计算硬件上的花费。再加上金融领域存在大量定量的历史数据，机器学习可以在金融领域发挥巨大的作用。例如，摩根大通推出过一个合约智能平台，可以利用自然语言处理技术处理法律文件并从中提取重要数据。如果是人工审查，处理 12000 份年度商业信贷协议需要消耗约 360000 个工时，但机器学习在短短几个小时内就完成了这个工作量。

## 四、知识图谱

知识图谱是把所有不同种类的信息连接在一起而得到的一个关系网络。知识图谱提供了从“关系”的角度去分析问题的能力，是关系表示最有效的方式之一。凡是有关系的地方都可以用到知识图谱，目前知识图谱在多个不同的领域得到了广泛应用。一类是互联网巨头，如阿里商品知识图谱、腾讯云“星图”、百度“知心”、搜狗“知立方”等；另一类是创业公司，如脉脉、天眼查、企查查、百分点等企业。

金融知识图谱在反欺诈场景中可以聚合与借款人相关的各类数据源，包括借款人的基本信息、日常生活中的消费记录、行为记录、关系信息、网上浏览记录等，然后抽取该借款人的特征标签，从而将相关的信息整合到结构化的知识图谱中，在此基础上对该借款人的风险进行全方位的分析和评估。在潜在风险客户预测上，通过知识图谱整合和关联企业内部结构化数据、非结构化数据以及互联网采集数据、第三方合作数据，发现和建立企业与企业之间的集团关系、投资关系、上下游关系、担保关系，企业与个人之间的任职、实际控制、一致行动关系，及时预测未来有潜在风险的关联企业。针对个人客户，知识图谱可以通过链接的多个数据源，形成对用户或用户群体的完整知识体系描述，挖掘已有客户的潜在需求，针对性地推送相关产品，为客户提供营销服务。针对企业级客户，通过分析包括企业基础数据、投资关系、任职关系、专利数据、招投标数据、招聘数据、诉讼数据、失信数据、新闻咨询等企业数据勾画出企业客户的资金关系、法人关系、上下游投资关系、相似企业业务关系等构建起企业知识图谱，为企业推荐合适的产品或服务。知识图谱还能够在语义上扩展用户的搜索关键词，从而返回更丰富、更全面的信息，这就是智能搜索的特点。

## 第三节　金融领域的人工智能应用

### 一、人工智能风控

人工智能风控是指运用多种人工智能技术，全面提升风控的效率与精度。风险作为金融行业的固有特性，与金融业务相伴而生，风险防控是传统金融机构面临的核心问题。人工智能风控主要得益于以人工智能为代表的新兴技术近年来的快速发展，在信贷、反欺诈、异常交易监测等领域得到广泛应用。

与传统的风控手段相比，人工智能风控改变过去以满足合规监管要求的被动式管理模式，转向以依托新技术进行监测预警的主动式管理方式。以信贷业务为例，传统信贷流程中存在欺诈和信用风险、申请流程烦琐、审批时间长等问题，通过运用人工智能相关技术，可以从多维的海量数据中深度挖掘关键信息，找出借款人与其他实体之间的关联，从贷前、贷中、贷后各个环节提升风险识别的精准程度，使用智能催收技术可以替代40%～50%的人力，为金融机构节省人工成本。同时利用AI技术可以使得小额贷款的审批时效从过去的几天缩短至3～5分钟，进一步提升客户体验。

#### 专题4-1　科讯金服的“金融超脑”服务平台

安徽科讯金服科技有限公司是科大讯飞旗下的金融科技子公司，成立于2012年，目前有员工120余名，其中研发人员超过50名。公司依托科大讯飞在人工智能等方面的技术优势，结合自身在金融科技服务领域积累的实践经验，构建金融服务平台，专注于为金融行业提供金融科技服务，解决小微企业和个人贷款需求。

“金融超脑”是科讯金服基于人工智能技术和多维数据来源，结合金融专业知识，通过对海量数据和样本的机器学习搭建智能风控体系，能够自动构建信贷评分规则和决策体系，根据用户风险和行为特征，快速判断用户贷款资质、额度和利率，实现客户的信用、风险和授信的合理配置，大幅提升了信贷服务效率，降低了商业成本，并有效控制了信贷风险。“金融超脑”科技服务平台包含40多项软件专利技术，可以通过以下几个步骤帮助金融企业进行决策，实现普惠金融：第一步，“金融超脑”平台可以通过对用户信息和用户习惯进行洞察，识别潜在的有效客户，实现快速引流和精准营销；第二步，通过多维数据的综合分析，建立多层监测、分级管理的风险准入系统，有效地对客户风险进行识别和筛选；第三步，通过对多源大数据进行深度挖掘，精准判断客户信息的真伪，实现反欺诈；第四步，通过自动构建的信用评分规则对筛选后的有效客户进行多维分析，从而实现智能的信用评级；第五步，根据信用评级结果和授信定价模型，还原客户的资产负债表并综合判断，针对每一个客户分别进行风险定价，确定其授信额度和贷款利率；第六步，在贷款发生后，充分利用各类政府和社会信息，全面监测风险，及时预警可能的风险点；第七步，如果发生不良贷款，可以借助智能客服，进行机器催收，提高催收效率。

科讯金服的“金融超脑”科技服务平台借助其数据资源和科技优势，在全国范围内得到较好的应用，目前已为7省40余家金融机构提供金融科技服务，截至2018年底，支持实现的金融交易总额达到700亿元，整体不良率低于0.15%。

## 二、人工智能支付

人工智能支付是以生物识别技术为载体，提供多元化消费场景解决方案。在海量消费数据累积与多元化消费场景叠加影响下，手环支付、扫码支付、NFC近场支付等传统数字化支付手段已无法满足现实消费需求，以人脸识别、指纹识别、虹膜识别、声纹识别等生物识别载体为主要手段的人工智能支付逐渐兴起，科技公司纷纷针对商户和企业提供多样化的场景解决方案，全方位提高商家的收单效率，并减少顾客的等待时间。

人工智能支付作为承载线上和线下服务的有效连接，结合智能终端、物联网以及数据中心，能够将结算支付、会员权益、场景服务等功能多角度呈现给消费者，同时可以将支付数据与消费行为及时反馈至后台，为商户进行账目核对、会员营销管理、经营数据分析等工作提供支持。未来，以无感支付为代表的新型技术将提供无停顿、无操作的支付体验，全面应用于停车收费、超市购物、休闲娱乐等生活场景。随着传统银行业务的移动化、数字化，传统人工服务正在被自动化方式所代替，而语音识别技术则在其中起到了重要作用。目前，传统金融机构正在投入重金推动语音客服、语音智能投顾、语音识别认证等最新科技。

## 三、人工智能理赔

人工智能理赔指简化处理流程、减少运营成本、提升用户满意度。传统理赔过程好比是人海战术，往往需要经过多道人工流程才能完成，既耗费大量时间也需要投入许多成本。人工智能理赔主要是利用人工智能等相关技术代替传统的劳动密集型作业方式，明显简化理赔处理过程。以车险人工智能理赔为例，通过综合运用声纹识别、图像识别、机器学习等核心技术，经过快速核身、精准识别、一键定损、自动定价、科学推荐、人工智能支付这六个主要环节实现车险理赔的快速处理，克服了以往理赔过程中出现的欺诈骗保、理赔时间长、赔付纠纷多等问题。根据统计，人工智能理赔可以为整个车险行业带来40%以上的运营效能提升，减少50%的查勘定损人员工作量，将理赔时效从过去的3天缩短至30分钟，明显提升用户满意度。

### 专题4-2 国元农业保险GIS系统

国元农业保险股份有限公司是经原中国保险监督管理委员会（保监发改〔2008〕54号）批准成立的第一家总部设在安徽的财产保险公司。公司由安徽省金融资产规模最大的国有大型金融控股企业安徽国元金融控股集团有限责任公司等26家企业共同设立，注册资本为21亿元人民币，注册地为合肥。成立国元保险是安徽省委、省政府在社会主义新农村建设中着力解决“三农”问题，防范和化解农业风险，建立一项长效支农、惠农政策的重要举措。国元保险以服务“三农”为重点，实行农业保险业务和财产保险业务并存发展的模式。经营范围不仅包括“种植业保险”“养殖业保险”“农房保险”“农民工意外伤害保险”“森林火灾保险”等农业保险业务，还包括财产损失保险、责任保险、法定责任保险、信用保险和保证保险、短期健康保险和意外伤害保险，以及上述保险业务的再保险等财产保险业务。公司现已成为安徽省政策性农业保险工作的主要承担者，经过十多年的发展，公司业务范围已经扩展到全国，并建立了安徽、河南、湖北、贵州、上海、山东六个分公司。

2011年，国元保险公司启动基于GIS的地理信息系统的自主建设。2012年，国元保险建成GIS地理信息系统并成立了GIS应急指挥中心，该系统是全国首套基于地理信息相关技术（3S：GIS、RS、GPS）的系统，并在2014年被评为“徽商杯”安徽省信息化十件大事之一。该系统在建设之初就考虑到如何把GIS技术与农业保险工作相结合。其创新之处是在于把GIS技术连接到农业保险的各个环节中去，实现了对承保、理赔等环节的精确监控，使得原有农业保险粗线条管理变为精细化管控。同时，将产生的历史数据进行积累和分析，建立数据模型，以便于后续精算、分析和决策使用。通过建立包括大户在内的所有农户的电子档案信息，并依据每个农户的信息，确定农户标的的位置，从而实现对农户信息的有效管理。

2016年，国元保险公司在原有地理信息系统的基础上，开始了地理信息系统二期的建设工作。二期系统在承保方面，增加了与核心系统承保理赔流程的关联性，完善了客户信息模块，采用人工GPS信息导入和地图圈画相结合的方法，将每个客户的田块更直观地展现在地图上。实现通过地图选择田块直接生成投保单清单，方便承保清册的缮制清单及验标工作。理赔方面，可以借助多种方式进行查勘定损，如使用抽样查勘法，也可以直接使用无人机、遥感数据等外部提供的定损结果并将数据直接推送到核心系统完成查勘定损等环节。GIS数据收集方面，建立资料库用于诸如无人机飞行数据、卫星遥感数据、GPS数据的收集，并可对收集到的数据与承保地块信息进行叠加，实现精确承保、精准理赔。其他方面GIS二期系统整合二调、农险平台等多套行政区域数据，建立统一的标准化行政区划，为承保理赔区域管理、农险平台数据上报提供了准确的数据基础。除了使用网页端进行操作和展示，GIS二期系统还开发了手机端移动应用，手机应用主要利用安卓系统客户端，服务于各地农险人员的日常工作，体现在以下几个方面：农户基础信息收集、承保验标、理赔管理、影像资料收集等，从而实现移动查勘的便捷性，提高工作效率，更好地服务于农户。

## 四、人工智能客服

人工智能客服是指构建知识管理体系，为客户提供自然高效的交互体验方式。银行、保险、互联网金融等领域的售前电销、售后客户咨询及反馈服务频次较高，对呼叫中心的产品效率、质量把控以及数据安全提出严格要求。人工智能客服基于大规模知识管理系统，面向金融行业构建企业级的客户接待、管理及服务智能化解决方案。在与客户的问答交互过程中，人工智能客服系统可以实现“应用—数据—训练”闭环，形成流程指引与问题决策方案，并通过运维服务层以文本、语音及机器人反馈动作等方式向客户传递。此外，人工智能客服系统还可以针对客户提问进行统计，对相关内容进行信息抽取、业务分类及情感分析，了解服务动向并把握客户需求，为企业的舆情监控及业务分析提供支撑。据统计，目前金融领域的人工智能客服系统渗透率预计将达到20%～30%，可以解决85%以上的客户常见问题，针对高频次、高重复率的问题解答优势更加明显，缓解企业运营压力并合理控制成本。

## 五、人工智能营销

人工智能营销指改变传统营销模式，提供个性化营销服务。营销是金融业保持长期发展并不断提升自身实力的基石，因此营销环节对于整个金融行业的发展来说至关重要。传统的金融营销渠道主要还是以实体网点、电话短信推销、地推沙龙等方式将金融相关产品销售给潜在客户，这些营销方式容易产生对于市场需求的把握不够精准使得客户产生抵触情绪，同时标准化的产品以群发的方式进行推送也无法满足不同人群的需要。

## 专题 4－3　科讯嘉联携手中国太保成立联合实验室

科讯嘉联信息技术有限公司是科大讯飞集团旗下的智能客服生态，成立于 2016 年 2 月，其主要业务是基于科大讯飞的语音核心技术，围绕“人工＋智能”实施客户服务中心升级全渠道客户联络软件研发，提供全渠道的专业人工智能客服服务。于 2017 年 5 月发布全球首款 AI 电话机器人——PTAH 电话机器人，先后打造了 110/120 接警机器人、订餐机器人、物流下单机器人、家电报装机器人、保险回访机器人等多款行业前沿的 AI 客服产品。合作客户包括中国太平、太平洋保险、海底捞、顺丰、捷信、万达集团、海尔、美素佳儿等知名企业。目前科讯嘉联智能客服已在金融、保险、物流、家电、政府、餐饮等 20 多个行业得到了成功的商业化应用，服务了上千家大中型企业，帮助众多企业提升了服务效率，变革了呼叫模式，给更多行业、更多场景的升级转型带来憧憬与想象。

金融行业是科讯嘉联人工智能客服系统的重要应用领域，2017 年 9 月和 12 月科讯嘉联分别携手中国太平和太平洋保险，上线保险行业首创智能回访机器人“小慧”以及新契约机器人“洋洋”。其中，科讯嘉联与中国太平共同开发的人工智能客服项目，在结案回访、运营付费回访场景下，平均分流率达 62.74%，略低于人工服务的 75%，相当于替代 83.6%的人工，该项目获评“2017 年上海市金融创新成果三等奖”。为了实现优势资源共享，共同探索人工智能技术，2019 年 6 月，科讯嘉联与中国太保集团旗下的中国太保寿险在上海签署战略合作协议并举行揭牌仪式，宣布共同成立联合实验室。依托于科讯嘉联的智能语音客服技术的优势和中国太保创新应用实验室，该联合实验室将充分发挥双方在行业内的领军优势，共同推动智能语音技术在保险行业内的服务水平提升。该智能语音回访技术是保险行业和人工智能深度合作的一次突破性尝试，旨在以更高的标准为保险消费者提供更好的体验，为保险行业的智能化服务又打造了新的行业标杆。

人工智能营销主要通过人工智能等新技术的使用，对于收集的客户交易、消费、网络浏览等行为数据利用深度学习相关算法进行模型构建，帮助金融机构与渠道、人员、产品、客户等环节相联通，从而可以覆盖更多的用户群体，为消费者提供千人千面、个性化与精准化的营销服务。人工智能营销为金融企业降低了经营成本，提升了整体效益，未来在此领域仍需注意控制推送渠道、适度减少推送频率、进一步优化营销体验。

### 六、人工智能投顾

人工智能投研是指克服传统投研模式弊端，利用人工智能技术快速处理数据并提高分析效率。当前，中国资产管理市场规模已超过 150 万亿元，发展前景广阔，同时也对投资研究、资产管理等金融服务的效率与质量提出了较高要求。智能投研以数据为基础，以算法逻辑为核心，利用人工智能技术由机器完成投资信息获取、数据处理、量化分析、研究报告撰写及风险提示，辅助金融分析师、投资人、基金经理等专业人员进行投资研究。

### 专题 4-4 科大讯飞的“晓曼”机器人

科大讯飞早在20世纪90年代就认识到人工智能技术的应用前景，基于强大的技术背景优势，经过20余年的积累和发展，已经成为人工智能领域具有全球影响力的企业，并率先取得规模化商业成功。2016年，科大讯飞首次推出服务于银行大厅的机器人“晓曼”。

“晓曼”机器人，是科大讯飞基于金融业的应用场景和特征，综合语音合成、语音识别、语义理解和人脸识别等技术运用到智能服务机器人本体上，结合麦克风阵列、3D摄像头、身份证读卡器、取号小票机等外设应用，以语音、触屏、动作等多模态的交互方式为用户提供优质的服务。这款机器人可以通过身份证和银行卡读卡系统帮助客户自主办理金融业务，并且通过语音识别和人脸识别技术实现身份确认和反欺诈功能，还可以通过语义理解和多模态的交互方式为客户智能推送合适的金融服务和金融产品，提高金融营销效率，降低商业运营成本。目前在安徽和广东的银行里，有20台“晓曼”机器人已经投入营业厅，承担部分大堂经理和柜台服务人员的工作。

人工智能投研能够构建百万级别的研究报告知识图谱体系，克服传统投研流程中数据获取不及时、研究稳定性差、报告呈现时间长等弊端，扩大信息渠道并提升知识提取及分析效率，在文本报告、资产管理、信息搜索等细分领域形成广泛应用。人工智能投研的终极目标是实现从信息搜集到报告产出的投研全流程整合管理，基于更加高效优化的算法模型与行业认知水平，形成横跨不同金融细分领域的研究体系与咨询建议，并在金融产品创新设计方面提供服务支撑。

人工智能投顾则更多聚焦于个人理财投资，有效降低交易成本并提升服务体验。人工智能投顾的概念始于2010年兴起的机器人投顾（Robo-Advisor）技术，2014年进入中国市场后，经历技术的不断升级与服务模式的逐步创新，渐渐为市场与公众所熟知并接受。2016年底招商银行的摩羯智投诞生，这是中国银行业首个人工智能投顾系统，随后更多的人工智能投顾产品纷纷推出。例如中国平安的“平安一账通”、蚂蚁金服的“蚂蚁聚宝”、中信银行的“信智投”、广发证券的“贝塔牛”等。

人工智能投顾按照投资期限、风险偏好、回报预期等维度，运用人工智能相关技术形成个性化的资产配置方案，同时辅以营销咨询、资讯推送等增值服务，相较于传统理财管理费率普遍降低80%，门槛由百万元以上降低至一万元左右。人工智能投顾在应用落地过程中不仅需要良好的算法平台与技术体系做支撑，更需要对大量行业与用户行为数据进行收集处理，国内互联网科技巨头与金融机构分别在技术端和数据端发力，结合各自优势推出符合中国客户的个性化产品。

## 专题 4-5 华安证券徽赢“赢·智能”系列产品

华安证券始终将互联网证券业务作为重要的战略方向，努力推动金融科技驱动投资服务，不断通过产品化实现其优化服务的核心价值。华安徽赢是华安证券倾力打造的一款集行情、交易、理财、服务为一体的综合性投资理财服务平台，通过场景化、智能化的服务给用户带来投资安心、服务贴心、理财放心的体验。华安徽赢平台已经发展成为华安证券重要的营销平台，平均一个月到一个半月更新一次，目前已经更新到“徽赢 5.0”，月活跃用户达到 30 万左右。平台开发很多基于人工智能的产品，包括基于人工智能技术的模拟荐股程序“指南者”和根据用户行为数据对客户流失可能进行分析等。其中“赢·智能”系列产品更是华安徽赢积极拥抱金融科技，从炒股理财的标准化平台向数字化、智能化投资服务系统跨出的一大步，是华安证券金融科技战略的里程碑。

“赢·智能”系列产品作为华安证券重点打造的智能投资服务系统，其中包含四大智能工具：智能客户画像是基于客户交易数据、资产数据和行为数据的大数据分析，根据 167 个精准标签体系分析客户的投资特征，从仓位控制、日内择时、止盈止损等十大模块剖析投资业绩，让客户更加了解自己、改善投资；持仓诊断从仓位控制、行业配置、风格配置、风险波动及个股配置五大策略出发，提供独一无二的 A 股持仓分析报告，帮助客户“对症下药”；智能诊股从公司财务、短期走势、估值水平、行业水平、机构观点五大维度透析个股，有效测评股票内在投资价值及市场价值，方便投资者挖掘投资机会；智能客服为客户提供线上化的沟通方式，用语音输入解放双手，还可进行股票行情查询，在业务办理、人工客服之间无缝跳转，另外生动有趣的“赢宝”机器人形象让客户拥有更加亲切的沟通体验。

## 专题 4-6 国元证券语音人工智能投顾产品

在人工智能推动互联网向纵深发展、金融科技引领金融行业变革的当下，如何将人工智能与金融科技有效融合，为客户提供更便捷、更简单、更多元的金融服务，是国内券商共同面临的课题。国元证券加大科技投入，全面运用各种科技手段，打造以客户为中心的一站式移动服务平台，建立智能化的线上业务生态圈。国元证券崇尚共享、共进、共荣的理念，与金微蓝、科大讯飞等合作伙伴，通过平台开放、合作创新、网络演进、迭代升级等方式，做强各自长板，强化生态协同，共享生态圈繁荣，共创智能时代的最新成果，并推出了语音人工智能投顾产品。

人工智能技术创新和产品的开发需要围绕客户的实际需求展开，随着汽车时代的来临和生活节奏的加快，人们在汽车驾驶过程中需要利用语音交互处理更多的日常事务，其中就包括证券投资交易。国元证券敏锐地嗅到了客户存在的痛点，利用语音识别、自然语义理解等人工智能技术，与证券领域业务深度结合，将基于全新语音交互技术的智能语音机器人——元宝，内嵌于国元证券手机 APP——国元点金 6.0，实现了“语音交易”“语音行情查询”“语音投资者教育”“语音功能导航”“语音资讯播报”等丰富功能，为客户提供 7×24 小时的语音服务，真正做到全环节、全流程、全方位的语音操作，从而主动为用户提供个性化服务，实现金融场景服务升级。“如音随行智享未来”系列产品于 2018 年 9 月发布，是国内首款智能语音投顾产品，标志着券商 APP 进入智能语音时代。

## 第四节 安徽省人工智能产业发展现状

安徽省实践落实国家人工智能发展战略，对人工智能产业发展高度重视，先后出台了相关政策文件，在布局规划、基础平台、应用领域、标准规范、人才培养等方面做出部署，全面推进人工智能技术的发展，表 4－1 列出了部分安徽省人工智能产业发展的相关重要政策。

表 4－1 安徽省人工智能产业发展相关重要政策汇总表（2017—2019 年）

| 时间 | 名称 | 发布机构 | 要点 |
|---|---|---|---|
| 2017 年 8 月 | 《安徽省人工智能产业发展规划（2017—2025 年）（征求意见稿）》 | 安徽省发展和改革委员会 | 到 2018 年，力争人工智能核心产业规模达到 80 亿元，带动相关产业规模 300 亿元。到 2020 年，力争人工智能核心产业规模达到 130 亿元，带动相关产业规模 450 亿元。到 2025 年，力争人工智能核心产业规模达到 350 亿元，带动相关产业规模 2200 亿元 |
| 2017 年 12 月 | 《中国（合肥）智能语音及人工智能产业基地（中国声谷）发展规划（2018—2025 年）》 | 安徽省人民政府 | 到 2020 年，智能语音及人工智能互联网产品用户达到 12 亿户，“中国声谷”企业营业收入达到 1000 亿元，年均增长 40%。入驻企业总数超过 400 家，龙头企业科大讯飞公司营业收入达到 300 亿元，培育 2 家以上 20 亿元级企业、5 家以上 10 亿元级企业、30 家以上亿元级企业，孵化企业超过 100 家。基本建成以智能语音及人工智能技术为引领，以行业应用和互联网应用为特色的产业集群。到 2025 年，智能语音及人工智能互联网产品用户达到 15 亿户，“中国声谷”企业营业收入超过 2000 亿元；入驻企业总数超过 800 家，培育 1 家超 500 亿元级企业、2 家 100 亿元级企业、10 家 10 亿元级企业、50 家以上亿元级企业，孵化企业达到 500 家。“中国声谷”成为国内外知名品牌 |

（续表）

| 时　间 | 名　称 | 发布机构 | 要　点 |
|---|---|---|---|
| 2018 年 6 月 | 《安徽省新一代人工智能产业发展规划》 | 安徽省人民政府 | 将以合肥为核心“一核两地多点”人工智能产业布局，加快培育具有国际竞争力的人工智能产业集群，将安徽省打造成为全国重要的人工智能产业发展先行区和智慧产业新高地。到 2020 年，随着人工智能发展环境和基础设施的不断完善，重点前沿理论和应用技术进步明显，安徽要在产品智能、工业智能和服务智能等重点领域涌现一批优秀企业，重点在人工智能平台、智能工业机器人、智能家电、智能装备制造等领域形成特色应用。人工智能产业规模超过 150 亿元，带动相关产业规模达到 1000 亿元。中期和远期目标上，安徽计划在 2025 年人工智能产业规模达到 500 亿元，带动相关产业规模达到 4500 亿元。到 2030 年人工智能产业规模达到 1500 亿元，带动相关产业规模达到 1 万亿元 |
| 2019 年 4 月 | 《合肥市加快推进新一代人工智能产业发展若干政策》 | 合肥市人民政府 | 加强产融合作、投贷保结合，鼓励有关银行创新金融品类，完善新型政银担合作业务风险分担机制，支持人工智能企业融资。落实人工智能小微企业贷款贴息及担保费补贴。设立总规模 50 亿元的智能语音及人工智能产业发展基金，吸引社会资本参与，支持产业初创期、成长期和成熟期的人工智能项目 |

## 一、人工智能核心技术优势明显

近年来，安徽省人工智能申请专利数量及影响力排名一直位居全国前列。中国科学技术大学建有我国量子信息领域第一个省部级重点实验室，拥有一系列具有国际一流水平的原始创新科研成果。科大讯飞中文语音产业规模占全球中文智能语音应用市场的 80%。在认知智能领域，科大讯飞相继在国际认知智能测试、国际知识图谱构建等大赛中获得优异成绩。“讯飞超脑”在感知智能、认知智能等领域技术处于国际领先地位。2017 年 11 月 15 日，科技部公布了首批 4 家国家新一代人工智能开放创新平台名单，明确依托科大讯飞公司建设智能语音国家新一代人工智能开放创新平台。朗坤物联网在智能灌溉、无线低功耗数据通信等领域技术国际领先，其研发的针对植物生理数据进行实时采集作物本体感知系统，填补了国内空白。

## 二、科研实力较为雄厚

安徽省是全国重要的科教基地，科技人才供给相对充足，为人工智能产业发展提供了人才保障。以中国科学技术大学、合肥工业大学、安徽大学、中科院合肥物质科学研究院、中国电子科技集团第三十八所、中国科学技术大学先进技术研究院、合肥工业大学智能制造技术研究院为代表的高校、科研院所在人工智能领域具有较强的研发和人才培养能力。我省还拥有语音及语言信息处理国家工程实验室、类脑智能技术及应用国家工程实验室、农业农村部农业物联网技术集成与应用重点实验室、教育部过程优化与智能决策重点实验室、国家发展和改革委员会智能机器人先进机构与控制技术国家地方联合工程研究中心以及正在争创的量子信息科学国家实验室等一批国家科技创新平台，这些创新平台将为我省人工智能理论和技术创新及产业发展提供强大支撑。

## 三、重点领域应用广阔

汽车、家电产业是我省传统优势产业，在产业结构中占有重要位置。我省已经发展成为全国最重要的家电产业集聚区和自主品牌汽车生产制造基地，近年来四大家电产量均位居全国前列，整车产能达到150万辆。智能网联、无人驾驶汽车和智慧家电是汽车、家电产业未来的发展趋势，这为人工智能技术应用和产业化发展提供了广阔的市场空间。作为全国首批农业物联网区域试验工程试点省份，我省在大田生产物联网建设方面进行了积极探索，利用人工智能技术改造传统农业的市场空间广阔。在教育、医疗卫生、社会治理、公共服务等领域，全社会对应用人工智能技术提高服务管理水平的需求也日益迫切。

## 四、区域集聚效应初步显现

初步形成以合肥、芜湖、马鞍山等市为代表的人工智能产业集群。合肥市智能语音及人工智能、智能装备产业优势突出，拥有科大讯飞、巨一自动化、华米科技、朗坤物联网等行业领军企业。芜湖市形成了涵盖关键零部件、本体制造、系统集成的工业机器人产业链，埃夫特智能装备生产的自主品牌多关节机器人市场占有率居全国首位。马鞍山市是我省特种机器人产业集聚地。蚌埠、铜陵、宣城、安庆、阜阳等市初步集聚一批人工智能及机器人零部件相关企业。

## 五、基础保障有利

云计算和大数据产业集聚发展基地建设为我省人工智能产业发展奠定了基础。云计算方面，合肥市已建成人工智能开放平台；宿州市推进云计算数据中心与基础平台建设，建成投运4万平方米的数据中心，为人工智能应用提供基础后台保障。大数据方面，合肥市成立了数据资源局和大数据管理运营平台，进一步整合优化数据资源；淮南市依托华东地区唯一的中国移动数据中心，构建了以数据采集、存储、应用、服务为主的大数据产业链，聚集了数百家大数据产业关联企业，在大数据管理、智能控制、图像识别等方面具有较好基础。网络通信方面，荣事达、中国电信和华为联合打造的基于智能家居、物联网的通信平台实现了智能家居多品类、多品牌的互联互通。

## 六、金融人工智能技术发展已取得初步成效

依托强大的技术背景优势和基础保障实施，安徽省金融人工智能技术的发展已经取得了初步成果，在银行、证券、保险和互联网金融等领域都有了一定的应用成果，安徽省金融行业对人工智能技术的应用价值和前景的认识更加充分，各个金融机构纷纷成立了独立的人工智能技术研发机构。

## 第五节　安徽省金融人工智能金融技术发展展望

### 一、依托语音技术优势，发展金融人工智能技术

由于科大讯飞在语音技术领域存在的明显优势，安徽省拥有全球最先进的语音技术以及以语音交互为核心的人工智能平台，并在 2016 年联合国家工信部共同打造了“中国声谷”，以“讯飞超脑”为代表的人工智能核心技术已领先全球，成功占领中文语音市场 70%的份额。在语音人工智能技术领先的背景下，计算机视觉、机器学习、知识图谱等人工智能技术的发展略显不足，尤其是在金融行业的应用中存在较大的发展空间。未来安徽省金融人工智能技术的发展仍需要围绕优势的语音基础技术展开，探索语音技术在金融领域的新的应用场景，打造创新性的金融产品，充分发挥技术优势，打开全国甚至国际金融市场。

### 二、认识人工智能风险，主动制定风险防范措施

虽然说人工智能的出现和不断发展促进了社会进步和金融行业的发展，但是其也是一把双刃剑。金融不同于传统行业，人工智能诚然可以通过取代人工提高效率、降低成本，但大范围的人工智能技术的应用又带来了爆发系统性金融风险的可能性，可能一个参数的设置不当就能够对整个行业带来灾难性的后果。因此，一方面，需要鼓励和支持金融人工智能技术的发展；另一方面，也要充分认识人工智能的风险，做好风险隔离措施，避免爆发系统性金融风险的可能性。

### 三、制定区域产业政策，扩大区域产业集聚效益

在现代化经济发展背景下，产业集聚效应越来越明显和突出，通过产业集聚可以实现“以点带面”，从“发展高峰”到“发展高原”，在区域内形成“一体化”的技术扩散效应，在更大程度上推进人工智能技术的发展。安徽省目前已经形成了包括“中国声谷”和芜湖、马鞍山等地方人工智能产业群，在此基础上还应当通过制定有针对性的产业政策，加大基础设施建设和人才吸引的力度，提供具有竞争力的优惠政策，有针对性地引入支撑金融人工智能技术发展的关键企业和技术力量，扩大现有产业集聚的影响范围，提高人工智能产业的规模效益和集聚效益。

# 第五章 云计算技术及其在金融行业的应用

## 第一节 云计算的定义和内涵

根据美国国家标准与技术研究院（National Institute of Standards and Technology，NIST）的定义，云计算是一种按使用量付费的模式，通过云计算，用户可以随时随地按需从可配置的计算资源共享池中获取网络、服务器、存储器、应用程序等资源。这些资源可以被快速供给和释放，将管理的工作量和服务提供者的介入降低至最少。云计算是由网格计算发展而来的，前台采用按时付费的方式通过 Internet 向用户提供服务，云系统后台是由大量的集群使用虚拟机的方式，通过高速互联网络互联，组成大型的虚拟资源池。这些虚拟资源管理和配置，用数据冗余的方式保证虚拟资源的高可用性，并具有分布式存储和计算、高扩展性、高可用性、用户友好性等特征。在大数据时代，互联网处理数据水平在不断提升，云计算无疑成为炙手可热的话题，成为未来金融产业发展的战略方向和推动经济增长的重要技术。云计算系统分为两部分：前端和后端，其一般通过网络互相连接。前端指的是用户的计算机或客户端，包括用户计算机一级云计算系统登录程序。后端指的是系统中的计算机群，也就是云，由控制节点、数据库、应用服务器和计算机网络组成。通俗地讲，云计算就是通过大量在云端的计算资源进行计算，如用户通过自己的电脑发送指令给提供云计算的服务商，通过服务商提供的大量服务器进行“核爆炸”的计算，再将结果返回给用户。用户所处理的数据也不储存在本地，而是保存在互联网上的数据中心里，用户连接到电脑、笔记本、手机等设备就可以访问到这些服务，就像是建立一个统一的发电厂，不需要每位用户都有一个发电机。云计算可以让人们体验到高速的运算能力从而满足自己的需求。

云计算技术具有以下特点：①云计算系统提供的是服务，用户无须了解云计算的具体机制，就可以获得需要的服务。②用冗余的方式提供可靠性，云计算系统由大量商用计算机组成集群向用户提供数据处理服务，随着计算机数量的增加，系统出现错误的概率增加，系统通过数据冗余和分布式存储来保证数据的可靠性，并且有专业化的团队来管理信息和保存数据，防范病毒和各类网络攻击，同时严格的权限管理策略使用户安全地进行数据共享。③云计算对用户端的设备要求低，因为硬件的维护和软件的安装升级都由技术人员在云的另一端进行，用户在浏览器中就可以直接编辑存储在云的另一端的文档，并且随时分享。④云计算为存储和管理数据提供无限多的空间，同时为各类应用提供强大的计算能力，个人电脑或电子设备不可能提供无限连的存储空间，而庞大的计算机集群却可以轻松地做到这点，并且云计算系统提供高层次的编程模型，用户可以编写满足自身需求的云计算程序在云系统上运行。⑤云计算可以轻松实现不同设备间的数据与应用共享。在云计算的网络应用模式中，所有的电子设备只需要连接互联网，就可以同时访问和使用同一份数据。

云计算系统内部可以看作是一组服务的集合，云计算系统的体系结构主要包括以下几个方面：①基础设施层。主要包括计算资源和存储资源，整个基础设施也可以作为一种服务向用户提供，即 IaaS。其向用户提供的不仅仅包括虚拟化的计算资源、存储，同时还保证用户访问时的网络带宽等。②平台层。在基础设施之上的平台层可以认为是整个云计算系统的核心层，主要包括并行程序设计和开发环境、结构化海量数据的分布式存储管理系统、海量数据分布式文件系统以及实现云计算的其他系统管理工具，如云计算的系统中资源的部署、分配、监控管理、安全管理、分布式并发控制等平台层主要为应用程序开发者设计，开发者不用担心应用运行时所需要的资源，平台层提供应用程序运行及维护所需要的一切平台资源平台即服务称之为 PaaS。③应用层。它是面向用户提供简单的软件应用服务以及用户交互接口，这一层称为软件即服务，即 SaaS。

最早的云计算以 SaaS 服务的形式出现于 20 世纪 90 年代末。但直到 2006 年，亚马孙推出的 AWS（Amazon Web Services）开始以 Web 服务的形式向企业提供云计算服务，业界才真正开始重视这种新的 IT 服务模式。随后，IBM、Google、微软等企业也加入云计算服务领域，促进行业进入发展快车道。政府、行政管理部门、企业逐渐接受云服务理念，并进一步进行应用，云服务真正进入产业的成熟期。2015 年，全球以 IaaS、PaaS 和 SaaS 为代表的典型云服务市场规模达到 522.4 亿美元。近年来，我国的云计算正以前所未有的速度发展，云计算提供了一种新的经营方式，为银行带来机遇，让金融界发生巨大的变化。金融云通过相应的云计算模型，可将各类重要信息、有关金融服务等多重功能散布到大规模分支机构的互联网云之中，进而可为基金、银行等金融单位提供网络应用、处理的相关服务，实现资源互联共享，进而有效应对难点问题，提升服务效率，节省投资成本。2013 年，阿里云进行旗下资源整合，并提供金融云服务。事实上，当前，快捷支付应用实现了大范围的普及，正是由于云计算同金融领域的融合，使人们仅需要通过移动终端的简单应用，便可进行存款业务、保险购买以及买卖基金等操作。当前，除阿里巴巴支持金融云服务外，苏宁、腾讯等大型企业也推出具有自身特色的金融云服务。因此，云计算技术在互联网金融领域得到广泛应用，例如云计算技术在银行的应用，通过云计算可以快速地为银行的商业决策服务从海量的数据中提取出有价值的信息，极大地提升了银行的数据处理能力。此外，即使某台服务器出现故障，云中的服务器也可以在极短的时间内将数据拷贝到别的服务器上，从而增强银行数据的存储能力和可靠性。

## 第二节　云计算在金融领域的应用场景

云计算技术的应用具有增强金融机构数据安全性、数据共享速度、服务质量，以及降低运维成本等多方面优势，主要表现为以下三方面：①通过资源的优化配置，增强金融机构的数据处理能力。金融零售业务成为金融机构之间重要的竞争点，往往需要针对不同层次的客户提供个性化的服务，这些都对银行数据处理能力提出更高要求。云计算技术能够在短时间内为中小金融机构提供业务数据的存储、分析、处理挖掘，增强数据处理能力。②增强金融机构数据的存储能力和可靠性。一方面，云中的众多服务器提供强大的存储能力；另一方面，云中的服务器可以快速地将数据拷贝到别的服务器，并启动新的服务器来提供服务。③降低金融机构成本，提升运营效率。金融机构的分支机构数据不断增加，对计算机设备的需求增加，云计算技术使金融机构将大部分 IT 成本转嫁到云计算供应商，提高运营效率。

## 一、基于云计算技术的资源优化配置

移动互联网的普及和金融科技的开发与应用对金融机构的软硬件设施和技术开发能力提出了越来越高的要求，随着金融服务的地域限制不断弱化，金融机构之间的竞争也越来越激烈和直接。在传统模式下，实力强劲的大型金融机构自己购买硬件基础设施，通过本机构的信息部门搭建符合自己业务需求的软硬件环境，开发各类业务软件，或者向外部供应商购买相关软硬件设备及人力服务，内部技术团队在此基础上进行集成运维和二次开发等工作。传统模式下这种信息资源的获取方式耗费的人力、物力、财力巨大，对金融机构而言是一项沉重的负担。而大多数中小金融机构，尤其是在安徽省这样的金融欠发达的内陆省份的金融机构，只能采取后一种方式获取科技信息资源，有的甚至因为内部科技实力薄弱，只能完全依赖外包形式支撑其开展各项业务服务。

云计算技术的应用大大地降低了金融机构的资源获取和应用成本，让专业的人做专业的事情，优化金融领域在各个环节的信息资源配置。一方面，出于规模效应和专业化分工，云提供者能以更低廉的价格向金融机构提供服务，安排专业人员对基础设施进行维护，金融机构无须为此耗费人力物力财力，这使得一些中小金融机构不必自己组建专业的研发团队就能够利用最先进的金融科技技术和产品；另一方面，相比较于 IT 企业，保障金融机构尤其是中小型金融机构所需要的各类信息资源量都很低，传统自建的模式往往会导致大量信息资源的闲置和浪费，云计算技术使得中小型金融机构能够根据实际需求使用云上的 IT 资源，并按实际使用量进行付费，降低了为闲置资源付出的不必要成本。

### 专题 5-1　云平台助力徽商银行走出开发环境的困境

随着银行业的发展，银行之间的竞争日益激烈，一些大型国有商业银行和全国性的股份制商业银行的业务也开始下沉，对一些地方性商业银行的业务造成巨大冲击。金融科技的创新和应用已经成为各大商业银行差异化竞争中的核心能力，这对商业银行尤其是中小型商业银行的开发环境造成了以下几个主要的挑战：第一，高投资。高端设备对厂商有较大的依赖，同时对硬件的投资难以控制。第二，高运维成本。网络、服务器、存储管理复杂，相关平台需要大量人员参与运维以及大量低技术工作占用了时间。第三，低灵活性。系统需求的调整需要从头开始，相关系统的连续性得不到保障，每一次的测试调整都需要较长的时间等待。第四，低效率。硬件资源空闲率较高，调配效率不适应敏捷开发的需求，硬件的增加速度与开发需求不匹配，并且系统和业务测试需要资源环境重建。

徽商银行开发测试资源每月以20%的速度增加，但是每年却有30%的项目延误。为提升研发所需基础设置的支持效率，提升应用封装和发布效率，同时为掌握新技术，徽商银行在测试环境中摸索云计算流程、技术，为生产环境做准备，徽商银行进行开发并且测试云。通过建立虚拟资源池，迅速扩展可用资源同时使共享资源池能进行逻辑隔离，解决测试资源的缺乏；通过引入与云平台匹配的应用封装工具，提升应用封装和发布效率；通过建立服务末班标准化，建立子服务、审批工作流、自动化部署平台节省手工部署工作和部署周期；建立资源生命周期机制，自动侦测、主动回收，释放不用资源。另外，徽商银行通过云计算技术的应用充分借助外部信息资源，创新性地构建了一套三层风控系统。其中，将技术性要求较高的第一层风控系统交给专业的机构来做，利用新网银行的技术和数据优势，实现风险控制联合运营和反欺诈等基本功能；第二层风控系统则是业务模式型风控，聚焦面对C端客户信用贷款领域和基于可控场景的小B端客户；随着数据的积累和业务的深入，总结出用户信用评价建模方法论，搭建风险评价系统，实现第三层风险控制。除此之外，徽商银行还基于云计算技术打造了一套结合线上线下的电子银行服务系统，其中线上主要由直销银行部和个人移动金融部共同构成，线下则更多地利用移动Pad等工具设立移动银行网点，扩大网点的服务范围。

## 二、基于云计算技术的信息风险控制

在传统信息模式下，金融机构很容易出现过度配置（IT资源利用率不足）和配置不足（IT资源过度使用）的问题。在数字经济背景下，消费者的金融行为不是均匀分布的，往往伴随着一些特定的节日和营销活动而表现出强烈的波动，例如在每年11月11日的0点，金融机构的交易量达到平时平均水平的几十倍。首先，当金融市场波动引发突发性的用户需求暴增时，传统金融机构内部IT资源可能会配置不足，无法响应用户的所有需求，甚至导致系统崩溃；而过度的配置又会带来资源浪费。其次，当内部IT资源出现故障时，尤其是金融信息存储设备发生一些不可预期的物理风险（如地震和火灾等）时，金融机构可能永久性地丢失部分交易数据，将严重影响其正常运营。

## 三、基于云计算技术的IT运行效率提升

信息共享机制和多源信息的采集及利用使得金融机构的数据规模不断扩大，数据类型越来越复杂，集中处理和调用数据变得越来越困难，终端用户的数据需求往往要较长的响应时间。云计算技术为金融机构的决策提供了更多技术支持，使金融机构信息共享速度得到加

快，服务质量得到提高。同时，云计算大大提高了金融机构的数据处理能力，它能在短时间内从海量数据中快速提取有用信息，为金融机构的各类分析或商业决策提供依据。

云计算极大地简化了金融机构的IT运营管理。云服务提供商将信息资源打包，直接为金融机构提供现成的解决方案，使金融机构对信息资源进行开发管理的时间大大缩短。云计算的升级方式非常灵活，完全可以支持业务的动态变化，金融机构也不会因为兼容问题而被迫使用一个厂商的软件、硬件。云系统是一个开放的生态环境，互联网上的各种云服务资源，能够方便地进行整合扩充。

## 第三节　安徽省云计算产业发展现状

中国作为新兴的互联网大国，为推动云计算产业的深入发展、保持国家在互联网技术的竞争力，中央政府自2010年以来颁发了大量促进云计算发展的政策文件，同时各地政府也在主导建设政务云，在政府层面为云计算行业背书。2017年4月，工业和信息化部印发了《云计算发展三年行动计划（2017—2019年）》。该计划结合云计算现有基础以及面临的问题和挑战，制定了提升核心技术、增加产业能力、推动行业应用、保障网络安全、营造产业环境等五项重点任务，目标为到2019年我国云计算产业规模从2015年的1500亿元扩大到4300亿元。

安徽省近些年紧跟互联网大潮，2014年成立安徽省云计算产业促进会（云促会），立足安徽，联合国内同行业组织，搭建对外交流与项目平台，促进云计算产业发展，目前安徽省云促会有会员企业162家，以安徽为基地，扩大产业内交流与合作，以引导并服务中国云计算产业健康快速发展为目标。利用合作平台和云计算产业链上各个企业的资源优势，因势利导地扩大云计算产业内的交流和合作，为安徽云计算产业奠定坚实的云计算基础设施平台服务，促进云计算产业链的完善与健康持续发展。安徽积极引进国内外知名云计算大数据重点企业及项目，在云计算中心、数据中心等建设方面累计吸引投资300多亿元，初步形成了以省会合肥为中心，以宿州、淮南为两翼，各地多园区共同发展的大数据产业布局。

作为安徽省东部门户城市，滁州充分发挥桥头堡优势，借助“双圈互动、左右逢源”的区位特点，结合医药资源相对集中的产业基础，联合九次方大数据、中茵股份，设立安徽中康大数据有限公司，在滁州构建健康医疗大数据国家级示范区，发展健康医疗大数据产业。滁州市成立国内首个健康医疗大数据工作领导小组，加快滁州医疗健康大数据产业的落地。率先推进建设滁州市健康医疗大数据中心、健康医疗大数据展示体验馆等项目，充分发挥健康医疗大数据技术的挖掘、分析能力，进一步整合滁州健康医疗大数据资源，实现滁州健康医疗相关数据的互联融合、开放共享，推动健康医疗产业供给侧结构性改革。淮南印发了《淮南市大数据产业发展三年行动计划（2016—2018年）》。淮南因煤而兴，现今淮南市开始布局，从“挖煤”向“挖数据”转型，系统性建设大数据“存储、交易、应用服务”三个中心体系，打造政务、服务、产业大数据应用。先后建成了江淮云、智慧谷等创新创业平台，已吸引超210家企业入驻。

2019 年 4 月，合肥新一代政务云体系发布，其对合肥市各部门、各县（市）区、各开发区的云计算资源需求进行集约建设，为信息化建设发展提供一站式数字管家服务。下一步，合肥市各部门逐步将信息平台整合接入政务云体系，按照“全市一朵政务云”的原则做好应用迁移，推进提升政务数据应用开发效率和深度应用水平。合肥市新一代政务云体系全面融合 5G、云计算、大数据、物联网等信息通信技术，逐步建立统筹推进、共建共享的城市服务支撑能力体系，构建起统一智慧应用集成支撑服务平台，全面推进政府治理、数字经济、惠民服务、数据统筹、城市规划及城市运行监测等领域智能应用建设，助力合肥“智慧城市”建设。表 5－1 为安徽省云计算产业发展相关政策汇总表（2015—2018 年）。

表 5－1　安徽省云计算产业发展相关政策汇总表（2015—2018 年）

| 时　间 | 名　称 | 发布机构 | 要　点 |
| --- | --- | --- | --- |
| 2015 年 9 月 | 《安徽省人民政府关于促进云计算创新发展培育信息产业新业态的实施意见》 | 安徽省人民政府 | 实施重大项目建设，打造一批云计算大数据产业基地，促进以云计算为引领的信息产业又好又快发展，到 2020 年，通过云计算带动相关产业规模达到 5000 亿元。主要任务：①统筹发展布局；②增强服务能力；③提升创新能力；④探索发展模式；⑤发展支撑产业；⑥培育市场主体；⑦强化安全保障 |
| 2016 年 4 月 | 《第二届安徽创业之星暨安徽省云计算大数据项目路演秀》 | 安徽省经济和信息化委员会 | 共同促进云计算大数据领域的创新创业发展，提升云计算大数据领域的创新创业水平，推动云计算大数据领域科技成果转化，扩大云计算大数据技术应用的深度和广度 |
| 2016 年 6 月 | 《安徽省云计算大数据产业发展专项资金使用管理暂行办法》 | 安徽省财政厅、安徽省经济和信息化委员会 | 专项资金具体用于支持：企业面向金融、交通、医疗、电商、教育、工业、旅游等重点领域提供具有行业特点的云计算大数据服务，探索开展云计算大数据产业发展新模式的应用创新，构建云服务生态链；增强创新服务能力，促进云计算产品安全技术、核心硬件、云集成等重大关键核心技术研发及产业化；云计算大数据产业中心基地平台建设等 |
| 2017 年 12 月 | 《“智慧城市中云计算与大数据的应用”高级研修班》 | 合肥市数据资源局、合肥市科学技术局 | 围绕智慧城市建设为主题，整合政策、技术及应用实战领域专家资源，倾囊授课，分享干货。为期两天的公益研修，融合专题授课、互动问答交流、代表企业参观考察等多种形式，共同探讨如何运用云计算打造城市“智慧心脏”，实现城市智慧式管理和运行；如何通过大数据技术建设城市“智慧大脑”，抓住战略性新兴产业发展机遇，推进合肥智慧城市建设进程 |
| 2017 年 12 月 | 金寨云计算中心正式开通运营 | 中共安徽省金寨县委员会 | 改变金寨县电子政务建设的发展模式，实现电子政务从分散建设转向集约建设，从自建、自管、自用转向统一购买服务，极大地提高投资效益和服务效率，高效地解决重复投资、建设分散、应用部署周期长、信息安全保障差等问题，达到建设集约化、服务标准化、信息共享化、效益最大化等成效。中心将结合本地优势，建设技术先进、自主可控、特色鲜明的城市数据核心枢纽，聚集高端计算资源，改善区域投资环境，提升金寨县在区域科技发展领域的领头地位 |

（续表）

| 时　间 | 名　称 | 发布机构 | 要　点 |
|---|---|---|---|
| 2017 年 12 月 | 《华为合肥云计算合作协议》 | 合肥市庐阳区人民政府 | 不断提升政府信息化应用和服务水平，推广软件开发云服务，构建城市产业云平台，助力庐阳区及合肥市经济和相关产业创新发展。助力庐阳中小企业业务上云托管，将国际一流的云计算服务在全市乃至全省推广，形成软件生态体系竞争优势，促进区域软件和信息技术服务业聚集和快速发展，进而推动传统产业转型升级，支撑城市经济与产业发展 |
| 2018 年 6 月 | “皖企登云”行动计划（2018—2020 年） | 安徽省经济和信息化委员会 | 到 2018 年底，省市县联动、政企合作的“皖企登云”工作推进机制基本建立，实现 1000 家企业与云资源深度对接。到 2020 年，云计算技术、产业、应用和服务体系及产业生态初步建立，全省广大企业“登云”意识和积极性普遍增强，培育一批在全国具有一定影响力的云服务平台，实现 1 万家企业与云资源深度对接，带动 10 万家企业“登云” |
| 其他/区 | 蜀山区《关于推进大数据产业发展的实施意见》 | | |
| | 《庐阳区大数据产业发展规划（2017—2021 年）》 | | |

## 第四节　安徽省金融云计算技术发展展望

### 一、打造标杆企业，培育用户市场

安徽省中小企业数量众多，且目前大多数信息化程度低，因此云计算拥有巨大的市场潜力，但还需要从改变用户使用习惯和市场规范化两个角度去为这个市场营造良好的发展环境。要使用户尤其是中小企业用户的 IT 系统构建理念实现从购买产品到购买服务的转变，需要改变用户“眼见为实”的传统观念。云计算服务需要用户将数据、业务托管或存放在业务提供商的基础设施之中，前提条件就是提供商与用户之间建立一种相互信任的合作关系，这种信任或信托关系可以与金融等传统服务行业相类比，除了法律与监管体系的市场规范化之外，还依赖于通过打造标杆企业树立市场信心。尽管安徽省云计算产业目前已基本形成了以合肥、宿州、淮南为重点，各地多园区共同发展的产业布局，为云计算技术的建设和推广运用提供了有力支撑。但是目前我省云计算的产业化程度较低且主要集中在工业云计算领域，亟须通过标杆企业带动金融云计算技术的开发和应用，培养壮大用户市场。

### 二、加强数据管理，规范行业标准

当前云产业发展的最大痛点是数据源不开放，如同一个个“信息孤岛”，不能实现数据共享；对于数据的流动和交易，还缺乏相应的法律规范。现阶段对于云服务的发展，金融行业普遍保持谨慎态度。因此，云计算技术的广泛运用使得在数据的处理分析变得方便快捷的同时，数据安全成为最大的担忧。安徽省在数据信息的收集、整合和录用方面已经打下了较好的基础，但是如何盘活大数据，是云产业发展的关键，这要求监管部门和行业自律组织能够规范行业标准，保障数据安全性，消除有关金融机构的疑虑。一方面，要加强数据管理，防止出现个人信息泄露等信息安全问题；另一方面，又要通过规范行业标准，确保数据信息的安全性，促进数据信息的合理流动，消除“信息孤岛”。

# 第六章　金融科技的产业应用

## 第一节　金融科技在风险管理中的应用

### 一、风险管理中金融科技的需求

风险管理是指如何在项目或者企业一个肯定有风险的环境里把风险可能造成的不良影响降至最低的管理过程。风险管理对现代企业的经营非常重要，金融机构在发展过程中，本身就是在不断地经营风险、管理风险。互联网技术的不断发展促使信息变得扁平，但是信息的利用效率却没有得到提高，因为技术的限制和认知的局限性，无法深度挖掘海量信息的价值，甚至是信息本身直接被忽视。大数据、人工智能、区块链和云计算等金融科技的开发和应用，使得人们可以透过互联网信息的表面现象，挖掘信息背后的深度价值，得以克服传统风险管理中可能存在的种种不足。传统的风险管理由于在数据化、网络化、智能化方面的应用程度不深，同时与目前金融科技环境相比所拥有的资源也不同，在对客户的风险评价和审批方面呈现以下几个方面的特点。

#### （一）外部数据利用率相对较低

以传统借贷业务为例，由于受到技术和合规的限制，传统风控模式中对外部数据信息的利用率较低。风险评价和审批的信息来源主要依靠传统方式采集，更多地依靠客户在本金融机构内部的数据，或是依靠借款人提供的财务报表信息和生产经营状况。

#### （二）人工审核比重较高

传统银行对借贷申请的调查主要以实地调查为主，通过现场面对面核实、电话查问以及咨询等途径和方法，结合外部征信机构所获得的数据形成信贷审批报告。在这种风控模式下，存在信息收集成本和人力成本较高的问题，尤其是在业务量较大或跨区经营的情况下存在一定限制。

#### （三）风险管理方式较为落后

在传统风险管理中，更多地依赖专家经验和主观判断形成的风控规则或政策，对系统自动化和数据分析定量化的应用较少。该方式的缺点是规则的创建依赖专家经验和已发生的风险事实，无法针对新的风险自动更新，且规则容易被欺诈者得知后绕过。

随着金融科技在金融业务中的应用日趋广泛，风险的表现形式以及被客户感知的方式也发生了一些变化，金融科技的四大代表性技术在风险管理情景中具有不同的应用深度，其领域侧重也不同，存在一些重叠。云计算技术为海量数据的运算能力和速度提升带来了突破；大数据风控技术主要应用于互联网金融信用风险管理领域，解决了信息不对称问题；人工智能风控技术基于大数据技术，主要解决风控模型优化问题；区块链技术主要用于支付和清算业务等操作风险管理中的技术安全领域。

## 二、大数据技术在金融风险管理中的应用

目前，随着多源数据的开发以及大数据技术的发展与应用，大数据风控技术的应用领域已经从互联网金融领域，如 P2P 和网络小额贷款，逐渐拓展到商业银行贷款等传统金融业务中。与传统的风控方法相比，其数据源更广泛、识别速度更快、成本更低，有助于更好地解决信息不对称问题，主要可以应用于以下几个领域。

### （一）运用大数据技术进行欺诈识别

基于大数据技术的欺诈识别主要利用了欺诈申请的客户可能在其自我声明的信息中包含不合理的信息，因为他们已经故意修改了全部或部分信息。这些信息项可以成为欺诈识别模型中的重要变量。①基于地理位置信息的欺诈识别：找到客户填写的地址信息作为地址位置坐标，并将其与客户常用的物流地址的位置坐标进行比较。如果客户提供距离太远的地址，则地址信息可能是虚假的。对于移动端，可以定位互联网客户的特定应用位置，并通过对比填写在应用中的地址信息或职业信息进行验证。②基于申请信息填报行为的欺诈识别：通过收集和分析客户填写申请流程的行为信息，例如多长时间、多少次以及哪些内容被修改来识别。③基于客户填报信息与公司存量信息交叉比对的欺诈识别：在多个应用程序里填写的单位电话号码相同，而相应的单位名称和地址不同，则批量伪造申请的可能性非常高。④基于外部信息交叉比较的欺诈识别：恶意申请会隐藏对其不利的事实，如负债、存在的运营问题、法院执法信息等，而抓取互联网上申请人的企业经营信息、法院执行信息可以核实申请人的真实资质。

### （二）运用大数据技术进行授信评分

在运用大数据技术对潜在用户的欺诈行为进行判断后，需要通过综合分析其行为和社会数据对他们的信用水平进行进一步评判。客户将根据类型分配到不同的细分模块，以适应不同的细分模型，包括不同的产品、不同的行业、不同的客户群，如汽车贷款、消费贷款、抵押贷款，不同类型的贷款申请调用不同的信用评分规则引擎，其将根据用户授权许可自动捕获数据，并通过特定模型将数据转换为个人信用评分数据和商业信用评分数据。①基于个人信息获取的信用评分：在互联网上获取购买数据、搜索引擎数据、社交数据、账单邮箱信息和其他维度的数据，以获取用户个性、消费偏好、意愿、教育等个人信息。②基于商户信息抓取的授信评分：抓取商户的交易数据（物流、现金流、信息流数据）和电商的经营数据（如访客量、交易量、用户评价、物流信息等）来对商户进行授信评分。

### （三）运用大数据技术进行贷后管理

大数据技术还可以进一步应用于贷后风险管理，通过追踪客户信息来监测和预警客户

的风险，为金融机构的决策提供依据。鉴于客户逾期的两个主要原因，即“偿还意愿差”和“还款能力不足”，大数据技术通过违约信息排查和监测预警及时跟踪违约风险。①违约信息排查：通过实时监测存量客户早期逾期、连续多期不还欠款、联系方式失效等情况，并将存量客户与新增的黑名单、灰名单数据匹配，及时发现潜在违约客户。②小型和微型商家的流水监测和预警：利用从数据合作方处获得的商家交易的流水信息来监控和提前预警。资金的突然流入和流出，不符合经营规则的交易流水下滑情况，以及正常营业中突然出现的大额交易等均可以触发预警。③负面信息监测和预警：通过大数据进行实时监控，一旦发现客户出现负面信息、违法信息、法院执行信息、税务缴税信息、行业重要新闻、借款人社交关系网中的负面情况、借款人的网络浏览行为、资金支付结算情况等，及时触发预警。

## 三、人工智能技术在金融风险管理中的应用

随着计算机深度学习能力的开发，人工智能技术的应用范围越来越广，在金融风险管理中的应用不断加深。与互联网相比，金融场景中的数据具有两个独有的特征：一方面，可用数据少于互联网；另一方面，与传统的评分卡体系相比，存在许多不可解释、高维稀疏的大数据。机器学习中需要解决的主要问题是模型构建和训练以及性能监控和自我迭代机制，包括深度学习、半监督学习、在线学习等其他技术。核心是将互联网级的机器学习技术“降维”应用于金融领域。目前，人工智能与大数据技术的紧密结合已成为风险管理的核心技术，其基本逻辑是通过深度学习和数据挖掘中的自我更新、自我调整和自我迭代，从更多维度的大数据中掌握风险定律，其中需要做好以下几个关键点。

### （一）提取数据深层特征

在具有复杂数据的大型风控场景中，使用基于深度学习的人工智能特征生成框架，对时序、文本、影像等互联网行为、非结构化数据深层特征加工提取，大大提升了模型的有效性。例如，消费者信用风险管理通过知识图谱、自然语言处理、机器学习和其他人工智能技术，在借款人、企业、行业和其他不同主体之间找到有效的信息维度关系，并深入挖掘企业集团、上下游合作商、竞争对手、管理人员信息等关键信息。

### （二）提高风控模型与数据的匹配度

不同的数据需要适当的模型来提取最大值。机器学习在互联网广告、搜索、推荐等方面的应用是用不同的机器学习模型处理不同类型的数据。在金融场景中，使用复杂的集成模型还可以处理数千个弱变量并准确估计违约风险。

### （三）加快风控模型迭代速度

互联网每天都会生成大量用户数据，搜索和推荐模型需要持续且经常地进行优化，自我迭代频率比金融领域更快、更准确，人工迭代慢的问题可以通过机器学习来解决。在金融风险管理中，机器学习模型可以通过监控模型的特征和性能、借贷群体和业务反馈来有效且快速地自我迭代。

### （四）无监督机器学习反欺诈

智能模型还用于欺诈风险量化，例如无监督机器学习模型，其基于可观察的交易特征变量和案例数据来学习什么是好的和坏的。在没有标签数据的情况下，在交易和账户登录等场景中应用无监督机器学习模型来分析欺诈与普通用户行为模式之间的差异，以确定欺诈风险。

## 四、区块链技术在金融风险管理中的应用

区块链技术具有不可篡改性的卓越优点，保证了其交易的公开透明性和不可重复性，区块链技术能够解决现代金融风控中的一些关键性问题，因而被认为是天生的金融风控最好的工具。而单从数据的角度来看，区块链是一个由所有参与者共同记录（而不是中心化机构单独记录）信息、由所有参与记录的节点共同存储（而不是存储在中心化机构中）并且不可随意篡改的数据库。在这个区块链数据库中，每个用户节点都拥有整个数据库的完整拷贝，并且当某个用户节点要对数据库写入数据时，它需要向区块链网络广播这些数据，以便其余用户节点对这些数据进行验证审核操作。只有全网共同验证和认可后，数据才能写入区块链，并且一旦数据写入区块链后，就不能随意修改或删除。这样一个用区块链技术构建的数据库，对于大数据风控有效性的提高有重要意义。

### （一）解决信息孤岛问题

区块链去中心化、开放自治的特征可有效解决大数据风控的数据孤岛问题，使得信息公开透明地传递给所有金融市场参与者。设想以下情况：一位客户同时向 A 银行和 B 银行各申请二十万元的汽车抵押贷款，但其汽车价值只有二十万元。如果两家银行加入了同一区块链，就能即时辨别出客户的交易行为和风险，避免放贷总额超过抵押值。除了交易主体外，监管部门也可以作为一个用户节点加入区块链，实时监控其他用户节点的交易信息，防范风险事件的发生，无须再等到事后申报。利用区块链中全部数据链条进行预测和分析，监管部门可以及时发现和预防可能存在的系统性风险，从而更好地维护金融市场秩序和提高金融市场效率。可见，区块链去中心化的特征，可以消除大数据风控中的信息孤岛，通过信息共享完善风险控制。

### （二）提高数据质量

区块链的分布式数据库可解决大数据风控数据质量不佳的问题，使得数据格式多样化、数据形式碎片化、有效数据缺失和数据内容不完整等问题得到解决。在区块链中，数据由每个交易节点共同记录和存储，每个节点都可以参与数据检查并共同为数据做证，这提高了数据的真实性。由于区块链没有中心机构，单个节点不能随意进行数据增减或更改，从而降低了单一节点制造错误数据的可能性。举例来说，在银行或交易平台内部建立私有链，一位客户构成一个节点，一方面，可以避免大量数据由单一信息中心集中录入和存储，降低操作风险；另一方面，卖方单方面的刷单行为可以通过买方的验证得到遏制，从而保证数据的真实有效。伪造的数据若想通过区块链网络的验证，必须掌握该私有链中超过 50%的计算能力，当节点足够多的时候，该私有链的控制成本急剧上升。另外，区块链中每个节点都有完整的

数据副本，只有当整个区块链系统发生宕机时数据才会丢失，并且数据记录一旦写入就不能修改。因此，区块链具备公开、透明和安全的特点，可以从源头上提高数据质量，增强数据的检验能力。

### （三）防范数据泄露

区块链可以防范数据泄漏问题。由于区块链数据库是一个去中心化的数据库，任何节点对数据的操作都会被其他节点发现，从而加强了对数据泄漏的监控。另外，区块链中节点的关键身份信息以私钥形式存在，用于交易过程中的签名确认。私钥只有信息拥有者才知道，就算其他信息被泄漏出去，只要私钥没有泄漏，这些被泄漏的信息就无法与节点身份进行匹配，从而失去利用价值。对于来自数据库外部的攻击，黑客必须要掌握50％以上的算力才能确保攻破区块链，节点数量越多，所需的算力也就越大，当节点数达到一定规模时，进行一次这样的攻击所花费的成本是巨大的。因此，通过区块链对信息存储进行加密，保证数据安全、防范大数据风控中可能出现的数据泄露问题，是区块链的重要应用之一。

## 五、云计算技术在金融风险管理中的应用

根据以上分析，不难发现大数据、人工智能和区块链等专业信息技术在金融风险控制中的重要意义和广阔的应用空间。然而，技术能力储备和专业化人才的配置需求，使得基于金融科技的风险管理手段往往只能为少数大型金融机构所用，真正风险管理能力较差的中小金融机构反而无法获得相关的专业化服务。此外，完全数字化的金融风险管理系统自身也有可能受到物理因素的影响，例如地震、火灾或者停电导致信息储存服务器受到损伤而产生系统性风险。云计算技术的应用则能够在以下两个方面降低金融风险。

### （一）帮助中小金融机构获得专业化风险管理服务

云计算技术的应用能够大大地降低金融机构的专业化风险控制，系统的搭建和应用成本，借助专业机构和金融服务公司的技术能力帮助自己实现专业化的风险管理。由于规模效应和专业化分工，云提供者能够解决金融科技在风险管理应用中的痛点和技术障碍，为中小金融机构提供专业化的风险控制服务，这使得一些中小金融机构不必自己组建专业的研发团队就能够利用最先进的风险管理系统。同时，云计算技术使得基于大数据、人工智能和区块链技术所搭建的风险管理平台能够得到更加广泛的应用，吸收和获取更多的金融信息数据，反过来又能够提高平台的风险管理能力。

### （二）避免物理因素造成的金融系统性风险

云计算技术的开发和应用能够有效避免金融机构发生系统性的信息风险。一方面，云计算技术能够为金融机构提供IT资源池及使用资源池的工具和技术，使得金融机构能够随时随地、动态地获取所需的IT资源，由此金融机构可以根据实际需求的波动自动或手动调整其云上的IT资源。既不会造成资源闲置，也避免了使用需求超过阈值时可能出现的损失。另一方面，云计算技术的应用也能提高金融数据的可靠性。通过在不同物理位置布置IT资源，使得当云中的某个设备出现异常时，能够在极短时间内快速将其数据拷贝到其他设备上，使金融灾备问题得到很好的解决。

# 第二节 金融科技在智能投顾中的应用

## 一、智能投顾业务内涵与优势

智能投顾全称为智能投资顾问，又称智能理财、机器投顾、机器理财等，是现代人工智能相关技术在财富管理领域的应用。它基于一系列大数据和智能算法等技术对用户的风险偏好、投资目标、财务状况等基本信息进行综合评价，结合现代投资组合理论，为用户提供自动化、个性化的财务规划方案，其实质是利用机器模拟理财顾问的个人经验。智能投顾的概念起源于美国，于 2014 年进入中国。智能投顾在适应用户个性化需求、降低门槛限制、避免人为因素干扰等方面具有明显优势，因此受到业界越来越多的关注。

投资顾问服务是投资管理产业中与投资者接触最为紧密、最为重要的环节，一般而言，投资顾问服务是通过专业的从业人员向投资者一对一提供的。通过与客户面谈沟通的方式，一方面，投资顾问收集客户资料、了解客户特点、挖掘客户需求；另一方面，投资顾问将所制订的投资规划方案和具体投资产品组合推荐给客户。在这一过程中，由于个性化与人性化所占比重过高，在大数据技术的突破发展与广泛应用出现之前，仅有的少数科技应用主要着眼于向投资顾问赋能，通过提供电子化的资料收集、丰富的程序化分析工具等方式提升投资顾问的工作效率。

进入科技应用的新时代，智能投顾的模式采用大数据分析和人工智能代替投资顾问，通过程序化的机器人依据投资者的特点提供投资规划方案。智能投顾的核心环节包括：用户画像、大类资产配置（投资标的选择）、投资组合构建和动态优化等。其中，大数据分析主要是通过对投资者的财务情况、投资行为分析刻画出投资者的风险偏好，挖掘出投资者的投资需求，而人工智能的应用主要体现在通过深度学习对投资资产进行分析从而生成投资组合。智能投顾在填补投资管理服务供给空缺、服务大量长尾人群方面有着明显的优势，主要表现在以下三点。

### （一）专业高效

与人工投顾相比，智能投顾更有效率。在客户端，智能投顾可以通过问卷或互联网上保留的数据快速获得用户投资者的肖像。在资产端，平台可以自动处理金融产品和市场的相关数据。另外，它还可以使用计算机程序全面评估用户的基本信息、风险偏好和投资目标，以便快速获得用户投资者的肖像。最终快速获得分析结果，同时生成投资组合建议。

### （二）降低门槛

传统的机构投资顾问主要关注高价值客户，并以一对一的咨询模式发展，目标客户的覆盖范围有限，服务成本也很高。以私人银行为例，资本门槛为两三百万人民币，而拥有买方经纪人模式的金融机构，如家庭财富管理办公室和独立的第三方财务管理则更高。智能投顾依托互联网的优势，有效节省人力成本，从而大大降低服务门槛，可以有效覆盖中产阶级和普通投资者。

### （三）避免人为因素干扰

在传统的投顾模式下，投资顾问做出决策，如何避免人的贪婪和恐惧的弱点，是投顾过程中的一个重要挑战，特别是面对市场波动，更难以控制情绪的干扰；机器可以随时参与智能投资。机器及时提醒投资者按预设的止损点或止赢点进行操作，在一定程度上避免人为因素的干扰。人机与半智能投资相结合将成为主流模式。根据不同的应用重点，智能投顾可分为理财类智能投顾和辅助交易智能投顾。前者以配置公募基金的卖方投顾模式为主，并侧重于满足用户的产品配置要求。后者通过择时、目标筛选和风险预警帮助投资者做出决策。

## 二、智能投顾产品的市场需求

在我国经济持续发展以及居民收入不断提高的背景下，居民财富的积累与投资渠道相对匮乏这对客观矛盾，要求投资管理行业进行自我创新。与此同时，行业思维的自我革命逐渐促使机构从产品导向转向客户导向。在金融与科技融合发展、金融科技成为国家战略的大环境下，我国投资管理行业受客观要求和主观追求这两股力量的驱动不断推陈出新，从而催生诸多科技应用的创新实践。具体而言，需求侧的驱动包括需求规模和需求质量两方面，供给侧的驱动同样包括供给规模和供给质量两方面。

需求规模方面，我国居民的财富增长速度快、财富积累规模大、富裕人群的数量不断增加，我国居民对投资方式的要求随之越发多样化。截至2016年末，中国平均每户家庭的财富约为17万元。目前我国个人可投资资产在60万元以上的大众富裕阶层和高净值人群已经达到千万人级别，还有大量虽未达到大众富裕阶层但有一定资产规模的中产家庭。财富积累程度不同的投资者对投资产品和服务的选择是不同的，普通工薪人群更倾向于单一的风险投资产品，而大众富裕阶层则需要考虑通过资产配置来实现稳定的投资回报。

从需求质量驱动来看，由于投资知识和投资方式的匮乏，我国居民家庭金融资产配置的有效性较低，多样性不足。一方面，我国居民家庭的投资性房产在全部可投资资产中的占比过高，在2015年就已经达到71.5%；另一方面，我国居民家庭的存款在金融资产中的占比同样过高，在2015年就已经达到45.8%。在整体金融资产（包括现金、存款、股票、债券、基金、金融理财产品、衍生品、外币资产、贵金属、借出款和其他金融资产）配置占比上，中国为12.4%，而发达国家这一数据普遍较高，其中美国高达68.8%，这反映中国居民参与风险资产市场的程度较低。

在供给规模驱动方面，我国金融市场相比欧美国家发展时间短，尚不成熟，所提供的专业投资管理服务较为匮乏。我国行业对创新的迫切诉求主要源于庞大的潜在市场规模，也即现有服务总量不足。我国的现状是总量匮乏与结构性不足和过剩并存兼而有之，尤以总量匮乏为甚。以投资顾问服务为例，我国注册投资顾问的总人数为4.2万人，相较于我国证券投资者数量（1.3亿人）来说几乎杯水车薪。从理论上讲，如果服务全覆盖则每名投资顾问需要面对的投资者人数将超过3000人，离达到充足服务全部有投资需求的居民的地步相去甚远。

在供给质量驱动方面，我国金融市场发展过程中诞生了提供专业财富管理服务的各类机构，但其服务定位集中于资产规模最高的少部分高净值人群，而更多的一般家庭持有的居民储蓄未能通过有效的投资管理方式实现合理收益，仅能存入银行勉强避免贬值。然而通过传统财富管理的方式下沉服务、拓展客户存在相当大的障碍，如果沿用传统服务方式，通过扩充人员扩大服务覆盖面将面临成本过高和人员素质参差不齐的难题。考虑到面向非高净值客户的业务存在平均营收低的情况，要实现商业可持续和成本覆盖只能增加人均服务的客户数量或是通过降低工资削减人工成本，但是人工服务存在最大容量限制，超出阈值势必导致服务质量下降，而低收入会排挤出高素质人才，大规模扩招会导致从业门槛降低和从业人员水平参差不齐，甚至可能导致从业人员发生操作上和道德上的风险。

金融科技正是服务需求变化、解决供给困难的投资管理行业应运而生的实践创新。通过大数据和云计算刻画投资者行为能够深入了解投资者的特点、行为和偏好，从而帮助机构有针对性地提供个性化产品与服务。借助网络和人工智能可以有效地实现以较低的成本服务更多的投资者，同时维持对每名投资者都提供同样高质量的服务。

从智能投顾行业总体发展规模来看，受制于人工智能技术的发展，其管理规模未能取得跨越式突破。截至 2015 年底，全球智能投顾管理的资产总额仅为 1000 亿美元。而随着 AlphaGo 的横空出世，智能投顾的发展迎来了黄金期。根据 BI Intelligence 的预测，截至 2020 年底，全球智能投顾管理的规模将达 8.1 万亿美元。国内方面，根据咨询机构 BCG 的数据，2015 年我国个人可投资金融资产总额约为 113 万亿元，较上年增长 24%。预计到 2020 年底，我国个人财富将保持 12%的年均复合增长率，达到 200 万亿元。智能投顾大约占其中 5%的份额，按照管理费 0.5%计算，将有 500 亿元的市场规模。发展了 20 年的中国公募基金，在 2017 年底的总管理规模也仅为 11.6 万亿元。从这点看，虽然智能投顾市场的发展目前仍处于初期阶段，但未来潜力无限。

## 三、智能投顾的关键技术

### （一）基于大数据的知识图谱技术

大数据技术是当代金融机构智能投顾业务和产品开发及应用的基础所在，其核心是从多种来源的大数据库，例如从交通大数据、金融大数据、医疗大数据、政务大数据等中挖掘出有价值信息，其中的关键是对各类数据的整合处理。2012 年，谷歌正式提出了知识地图的概念。其本质是由知识点连接起来的语义网络的知识库，其中图的结点代表实体或者概念，而图的边代表实体与概念之间的各种语义关系。知识图谱包括四个分支：知识提取、知识表现、知识存储、知识检索。它们在智能搜索引擎的应用、智能问答、智能分析和反欺诈方面发挥着重要作用。结合知识图谱相关技术，机器可以从招股书、年报、公司公告、券商研究报告、新闻等半结构化表格和非结构化文本数据中批量自动抽取公司的股东、子公司、供应商、客户、合作伙伴、竞争对手等信息，并构建出公司的知识图谱。当某个宏观经济事件或者企业相关事件发生的时候，投资者可以通过知识图谱做更深层次的分析从而做出更好的投资决策。比如某公司发布公告，公开某些经营数据之后，由机器自动抓取相关数据，更新该公司的知识图谱，生成相应的分析结果，以供投资者参考。基于大数据的知识图谱相关技术的逐步成熟和广泛应用，不仅可以进一步提高数据的丰富性和准确性，还可以加快数据标准化和关联化的建立，从而促进智能投资研究系统的建立和完善。

### （二）云计算技术

智能投顾拥有的数据量越多，就越需要提升其对数据的分类、建模、链接、分割与整合能力，这就是识别、理解和转换表达，包括语言、文字、图像、声音、视频等多种类型信息的“自然语言处理技术”。美国著名的 Kensho 公司占据该领域领先地位，其明星产品 Warren 被誉为“金融界的 Siri（苹果产品专用智能语音助手）”。这款软件结合自然处理技术，扫描逾 90000 个包括经济报告、货币政策变化、时政新闻等多方位资源，建立起海量的金融行业资源库，前瞻性反映市场动态，Kensho 因此备受高盛垂青，吸引高盛成为其忠实客户和最大投资人。

为拥有海量数据的处理能力，还必须不断提升速度，为客户提供准确又快捷的产品服务。单一的 PC、移动终端、服务器群组无法满足日益提升的速度需求，只能通过互联网来提供动态易扩展且经常是虚拟化的云资源。“云”是网络、互联网的一种比喻，目前云计算已形成每秒 10 万亿次甚至更高的运算能力，因而可以模拟核爆炸以及预测气候变化趋势和市场发展趋势。华尔街监管机构已经将监控系统托管到亚马孙的公有云中，从而获取更多的计算能力来快速分析海量的监控数据。

### （三）人工智能技术

基于人工智能的投顾技术不仅仅能够达到人工水平，在某些领域更是能够获得一般人工无法实现的决策方案。在死记硬背的基础上，智能投顾和人工投顾的“思考方式”基本相似：一是判断局部，二是把握全局。不同的是，人类只有一个大脑，而智能投顾分别由两个不同功能的“大脑”组成，即策略系统和评估系统。当智能投顾工作时，策略系统不断提出决策方案，在当前局势下提供最佳可选的若干个“下一步”；评估系统则负责发现每个“下一步”实施后影响整体盘面的种种可能，然后两个“大脑”通过优胜劣汰互动择取各自的平均值，筛选对冲后一步步形成最终决策方案。通过深度学习和进化算法，人工智能可虚拟出一大批交易员，让其互相“PK”，经过万亿次的竞争与淘汰，最终筛选出顶级虚拟交易员。与此同时，人工智能的深度神经网络还能发现各种莫名其妙、找不出逻辑但的确存在的现象，并融入实盘交易。

## 四、金融科技在智能投顾中的应用

### （一）金融科技在智能营销中的应用

营销是金融业保持长期发展并不断提升自身实力的基石，因此营销环节对于整个金融行业的发展来说至关重要。传统的金融营销渠道主要通过实体网点、电话短信推销、地推沙龙等方式向潜在客户销售金融相关产品。这些营销方法容易不准确地掌握市场需求，使得客户产生抵触情绪，同时标准化产品无法通过大规模群发的方式满足不同人群的需求。

智能营销主要通过使用大数据和人工智能等新技术以及使用深度学习相关算法为收集的

客户交易、消费、网络浏览等行为数据建立模型。它帮助金融机构与渠道、人员、产品和客户建立联系，以覆盖更多的用户群体，为消费者提供成个性化和精准化的营销服务。其主要包含三个步骤：第一，客户信息收集。利用大数据技术收集并分析用户社交网络浏览行为，产品购买行为，网络业务管理频率等多维度获取。第二，认知模型的构建。基于深度学习，自然语言处理和其他相关技术建模。第三，营销精准触达。通过自有渠道或第三方渠道进行信息投放，实现个性化营销。

智能营销预测和评判客户的兴趣、爱好和购买力，并根据综合评分推荐金融服务和产品。以银行业为例，在购买服务和产品的过程中，客户通过网络和私人渠道搜索，以了解产品信息和类别，并确定他们的购买信息。在此过程中生成的搜索数据可以定位客户的收入水平、兴趣和爱好。借助分布式存储和云计算，银行可以挖掘客户信息，形成完整的客户关系（CRM）系统，设计并推广各种营销方案给消费者，实现精准营销。

智能营销通过客户分析、营销计划、营销执行和营销评估实现闭环管理流程。用户肖像由大数据技术准确描绘，并基于此策划营销方案，进行精准营销和个性化推荐。同时，实时监控一方面用于优化策略方案，另一方面反馈到数据库系统进行下一步客户分析。营销执行可分为精准营销和个性化推荐，精准营销服务于企业的引流获客阶段，个性化推荐服务于企业的留存促活阶段。智能营销降低了金融企业的运营成本，提高了整体效益。

### （二）金融科技在智能客服中的应用

智能客服系统是在大规模知识处理基础上发展起来的一项面向行业应用的系统，适用于大规模知识处理、自然语言理解、知识管理、自动问答系统、推理等技术行业。智能客服不仅为企业提供了细粒度知识管理技术，还为企业与海量用户之间的沟通建立了一种基于自然语言的快捷有效的技术手段，同时还能够为企业提供精细化管理所需的统计分析信息。对于金融机构而言，借助金融科技技术构建智能客服系统能够帮助实现以下功能。

知识管理。知识管理系统内设立一套通用化的知识管理建模方案，该方案可以迅速地帮助大型企业对庞杂的知识内容进行面向客户化的知识管理。而该套方案是一般知识管理系统工具（如 MS Sharepoint 和 IBM Lotus）中所没有的。该系统是一种点式或条式的知识管理系统，因此是一种细粒度的管理工具。这种细粒度的知识管理工具，使得大型企业更能从知识的运行中实时地掌握企业的运行状态，从而更有效地进行科学决策。例如，对客户的统计信息、热点业务统计分析、VIP 统计信息等可以在极短的时间内获得，这是一般知识管理工具所不支持的。

智能语言应答。智能应答系统首先对客户文字咨询进行预处理系统（包括咨询无关词语识别、敏感词识别等），然后在三个不同的层次上对客户咨询进行解析——语义文法层理解、词模层理解、关键词层理解。该系统的应用能够有效提高金融机构的客服效率，显著降低经营成本，提高用户体验。

多角度可配置的统计分析。智能监控系统截图是一种统一的统计系统，可以监控不同的地区、渠道、品牌、业务、时间、话务员、客户类型等基本维度，同时也可以将上述基本维度进行复合，形成复合型监控维度，极大地扩展了现有监控的广度和深度。

### （三）金融科技在产品差异化定价中的应用

金融科技在风险管理中的应用使金融产品的差异化定价更加精准，促进了信贷业务的发展。金融产品定价是指金融机构在某个时刻将金融产品对于客户的价值及时地用货币表现出来。金融产品的定价将直接关系到产品的销售成败与金融机构的利润高低。随着科技金融的快速发展，有必要利用大数据和人工智能技术来改变以前的金融产品统一定价模型，即根据每个用户的情况实现差异化定价，这可以反映在以下两个方面。

第一，利率和授信差异化设计。当借款人申请借款时，信贷平台方评估用户的信用状况，判断他们是否会因为贷款到期时无法偿还贷款而违约。实现差异化定价，使信用良好、违约风险较低的优质用户可以以较低的成本获得融资和借款服务，而信用一般且违约风险较高的用户不能享受信用溢价带来的优惠。此后，每当用户在信用平台完成借款和还款的闭环时，贷款的利率将相应降低。当每个人的征信画像越来越全面和完善时，我们可以根据不同的信用等级实现精确的客户贷款利率和信用额度安排。

第二，差异化保费设计。保险公司根据获得的数据，经过精算定价后推出产品，合理使用大数据将有助于更准确地厘定保险费率。传统的定价方法是根据样本统计的历史数据来预测保险标的发生损失的概率，但保险标的的风险状况是不断变化的，历史数据不能准确反映当前的情况，样本数据不能完全准确反映保险标的的风险特征。保险公司可以使用大数据技术获取更多维度的完整数据，然后更准确地评估风险。以汽车保险为例，目前的定价主要考虑购买年份、价格等数量较少因素，根据被保险人过去的保险情况而有所浮动。未来保险公司可以根据被保险人的车辆使用频率、行车路线、驾驶习惯等数据，使用大数据分析技术准确计算损失概率，从而实现差异化定价，降低低风险优质客户的利率，提高高风险客户的利率，吸引更多优质客户。

## 第三节　金融科技在支付清算业务中的应用

支付、清算与结算体系是金融市场中的重要基础设施，也是当前最具有挑战性的金融研究领域。金融市场基础设施关注的对象包括支付系统、中央证券存管、证券结算系统、中央对手方和交易数据库。我国支付体系由中国人民银行直接和间接主导的体系、第三方支付机构体系和证券清结算体系构成。从支付工具视角来看，可分为现金支付和非现金支付两大类，其中非现金支付包括票据、银行卡和其他结算业务。电子支付、网络与非现金支付在概念上不同，数据统计时有所交叉和重叠。随着电子支付、电子货币等快捷方式的推广，新技术正加快支付行业的转变。现实中，现金的使用比率不断下降，目前我国的非现金支付增速位居全球前列。由于网络经济的快速增长和智能手机用户数量的大幅提升，我国成了新兴支付技术实践的“热土”。此外，无论在发展中国家还是在发达国家，新兴电子支付不仅能够替代纸币的支付功能，还能够依托支付渠道解决弱势人群的金融需求。

虽然目前纸币仍然有一定的需求空间，例如在美国，50～100 美元间的交易仅 16%使用现金，而 1 美元以下的交易使用现金的比例高达 66%，但在各国政策支持和科技进步的双重驱动下，全球都将不可避免地从现金支付走向电子支付。2013 年，挪威学者特朗·安德里森就曾指出："实物货币的必然消亡只是个时间问题。"当然，这一过程可能仍然是漫长的，因为所谓无现金社会，一方面，需要支付习惯的转变；另一方面，也需要电子支付真正地在低成本、便利与安全之间做到极致。

目前，在人类发展史上，科技创新正在以前所未有的速度和广度重塑全球经济，创造新的产业和新的形式，同时促进了支付和清算行业的发展。在过去的五年中，数字经济发展迅速，中国将进入数字经济时代。金融科技也以前所未有的速度和广度改变了世界的支付和清算模式。金融科技已成为加快支付结算行业整合和发展的先行者，中国也将成为全球支付结算行业发展的新引擎。

## 一、支付清算业务与金融科技

随着金融行业发展和互联网技术的普及，支付清算行业已经发生了深远的变化并表现出两个主要的发展特征。第一，市场的参与主体更加多元。金融科技创新促进了支付产业链的不断延伸，在原有的基于银行卡的支付结算模式中，增加了更多的参与者，如互联网企业、商家、电信运营商、终端提供商和平台服务提供商，支付产业网络和规模效应更为显著。第二，支付产品和渠道更加多元。支付方式从传统的现金、纸质票据、银行卡支付，拓展到网上支付、二维码支付、手机支付、可穿戴支付等新兴支付。随着市场参与者和支付服务产品的不断扩大，支付和清算领域的生态圈得到了重建。面对更加多元的支付清算业务，金融科技的价值能够得到充分体现。

### （一）支付与商业服务场景加速融合

金融科技提供支付创新，打破线上和线下的界限并深度整合，促进业务模式的重塑，使线上线下商业服务和支付服务更加一体化，并将支付业务与商业服务场景紧密联系，促进金融服务和商业服务在信息化、智能化和个性化方面的共同发展。金融科技还促进支付渗透到其他金融服务中，基于消费信贷、投资理财、保险等金融服务的快速增长，支付与其他金融服务一体化的趋势越来越明显。

### （二）跨境支付结算方式上的创新

目前，跨境支付和结算的方式非常复杂，存在诸如长时间、高成本和许多中间环节等问题。付款人和收款人之间的第三方中介角色非常重要。同时，不同的国家有不同的清算程序，汇款通常需要 2～3 天到达账户，这是非常低效的，并在运输过程中占用大量资金。而金融科技的应用能够解决以上痛点问题，以银行为例，区块链将放弃中转银行的角色，实现点对点快速、低成本的跨境支付；区块链的安全性、透明度和低风险特征提高了跨境汇款的安全性，加快了结算和清算速度，提高了资金的使用率。同时，银行和银行之间可以不再通过第三方，而是通过区块链技术实现点对点的全天候支付，到账实时而且提现方便，在减少跨境风险的同时，满足了及时便捷的支付和清算服务的需求。

### （三）促进产品创新和普惠金融发展

金融科技也大大增强了支付清算行业的创新活力和服务的普惠性。通过将安全芯片和其他生产要素以及互联网、区块链和云计算技术引入传统的支付和清算产品系统，金融机构已将信息技术从提高支付和清算效率的手段转变为推动产品创新的动力。在普惠金融方面，以移动互联网和智能终端为代表的金融技术不仅丰富了支付服务的内涵，而且在一定程度上消除了因为成本、文化程度、地域限制等因素造成的鸿沟，为突破普惠金融发展的瓶颈提供了一个非常好的解决方案。

### （四）提高业务处理效率

金融科技提高了支付和清算业务处理的效率，互联网和物联网创建的平台经济模式可以充分整合产业链以及上下游优势资源，简化供需双方的中间环节，提高融资效率。此外，预计区块链将解决支付领域的痛点和困难，例如降低交易的复杂性，提高交易端到端的速度，以及市场资金的可用性，减少交易过程中的沟通成本，提高交易记录的透明度，降低运营风险。

## 二、支付清算的关键技术

### （一）云计算在支付清算行业中的应用

支付市场交易具有很高的波动性，其交易频次在节假日期间会出现突发性增长。云计算技术具有高扩展性、高连续性的特点，支付服务与云计算技术的结合，能够迅速扩张服务能力，动态支持海量支付交易和相关服务需求，提高支付业务系统承载力。以非银行支付为代表的支付机构将分布式数据库成功运用于金融业务之中，为金融机构信息基础设施的升级和优化提供了新的思路。此外，为支撑自身联机事务处理业务的快速增长，当前非银行支付机构快速发展分布式事务数据库系统。以支付宝为例，2013 年全线下架 IBM 小机和 EMC 存储设备，改用廉价 X86 服务器；2014 年使用自研数据库方案替换 Oracle 数据库，完成传统 IOE（IBM、Oracle、EMC）集中式架构向自研分布式架构转型过程，并成功经过了 2015—2017 年三年的线上业务考验。

### （二）大数据在支付清算行业中的应用

大数据在支付清算行业中的应用主要在用户行为分析、交易欺诈识别两个方面。在用户行为分析方面，“支付＋精准营销”是基于支付环节产生的大量交易数据对用户行为进行研究的场景融合的例子。企业凭借支付行业强大的流量优势和覆盖的众多场景，通过大数据精准提炼用户画像，对用户行为进行深度分析。在对客户精准分层的基础下，针对不同层次用户进行精准营销，同时也能为特约商户定制财务管理、营销规划等服务。在交易欺诈识别方面，目前支付交易操作十分便捷，客户已经可以做到随时、随地、随心地完成资金转账操作。面对盗刷和金融诈骗案件频发的现状，支付服务提供的市场主体交易诈骗识别挑战巨大。而大数据可以利用账户基本信息、交易历史、位置历史、历史行为模式、正在发生行为模式等，结合智能规则引擎进行实时的交易反欺诈分析。例如腾讯云构建的“天御”大数据反欺诈平台，主要应用于银行、证券、保险、P2P 等行业客户，能够准确识别恶意用户与行为，解决客户在支付、借贷、理财、风控等业务环节遇到的欺诈威胁，降低企业的损失。

### （三）人工智能技术在支付行业中的应用

人工智能技术正逐步运用于支付领域中，主要通过生物识别、机器学习等技术来提高支付的便捷性、安全性。在支付端，指纹识别、声纹识别、人脸识别等基于大数据基础上的人工智能识别技术被应用于支付交易中的用户身份识别和指令验证环节，其中指纹识别应用最为成熟。在实际应用场景中，支付宝先通过活体检测算法进行检测，再使用人脸识别算法将其与官方身份证人脸数据库或者之前比对成功的活体人脸信息进行比对，判断是否为同一人。与传统的身份识别和交易验证相比，生物识别技术具有精度高、速度快、防伪性好等特点，有助于提高客户体验和支付的安全性，有效削减欺诈和盗用等事件的发生。除了生物识别技术以外，机器学习技术也在各大机构和公司不断得到尝试。

### （四）区块链技术在支付行业中的应用探索

区块链技术具有公开、不可篡改的属性，从而为去中心化的信任机制提供了可能，具备改变金融基础架构的潜力。各类金融资产等均可被整合进入区块链账本中，成为链上的数字资产，在区块链上进行存储、转移、交易，应用前景广阔。目前区块链应用在跨境支付、支付网络构建、数字票据等领域已经得到了一定的探索。在跨境支付领域，区块链技术能够在收付款人之间直接连接，降低跨行、跨境交易复杂性和成本，确保交易记录透明、不可篡改，降低运营风险，优化现有代理模式下的资金转移和信息传递方式，大大提高支付效率，降低业务成本。在支付网络构建方面，利用区块链技术也能够实现更加安全稳定的支付环境。在数字票据领域，可以通过区块链搭建票据交易系统，让每个参与交易的企业都登记注册为区块链的用户，可以提升票据运转效率和流通性，降低交易风险，有利于中小企业的信用积累。2017 年，中国人民银行基于区块链技术建立的数字票据交易平台已经成功完成测试。

## 三、金融科技在支付清算领域的应用发展现状

### （一）支付清算基础设施的发展现状

#### 1. 网联清算平台建设运行

随着移动互联网的普及和支付业务的分工细化，越来越多的非银行支付机构积极参与支付清算业务，并凭借各自独特的技术优势延伸商业银行网上支付服务，通过与多家银行多头直连实现商业银行跨行资金清常，但同时也带来了相应的问题。一是支付机构变相从事了需要“特许”进入的业务，而两两相连的清算模式封闭性强，交易过程中资金和信息不透明，形成了游离于监管之外的监管死角。二是各商业银行业务平台标准不统一造成多次开发、重复建设，不仅资源浪费大，管理的难度也不断增大。三是非银行支付机构风控水平参差不齐，部分机构系统安全和风控水平较老，缺乏配套的风险防控措施，风险传递可能波及银行，对金融稳定存在潜在风险。2010 年，中国人民银行开始酝酿建设非银行支付机构网络支付清算平台（以下简称网联清算平台）。2016 年中国人民银行会同十三部委联合出台《非银行支付机构风险专项整治工作实施方案》，确定了非银行支付机构开展跨行支付业务处理

的原则、通道及监管主旨，明确提出“支付机构开展跨行支付业务必须通过中国人民银行跨行清算系统或者具有合法资质的清算机构进行，实现资金清算的透明化、集中化运作，加强对社会资金流向的实时监测”。网联清算平台承担着非银行支付机构的线上转接清算职能，在网联清算平台的支撑下，非银行支付机构将摆脱传统模式下束缚业务发展的桎梏，其作用主要体现在以下三个方面：一是通过实现资金与信息集中化处理，提高清算透明度，协助政府部门强化资金流动及相关风险监测，追踪和堵截非法资金，及时排查风险隐患，有效打击电信网络诈骗等犯罪活动，丰富反洗钱和反恐融资监测手段。二是为客户备付金集中存管实施提供技术支撑，切实保证支付消费者的资金安全。三是通过提供统一、公共的资金清算服务，显著降低支付机构的互联成本，提高业务处理效率，纠正支付机构违规从事银行间清算业务的行为，防止市场垄断，为支付机构提供公平竞争平台，推动支付市场健康有序的发展。

2. 分布式账本技术在大额支付系统中的应用

大额支付一般是指银行和其他金融市场参与机构之间发生的支付业务。与零售支付业务相比，大额支付笔均金额较大，而且对交易处理时间的要求较高，需要在特定日期或特定时间完成结算。在大多数经济体中，大额支付在支付业务总笔数中占比较低，但在总金额中占比极高。因此，大额支付业务的安全有序结算，对金融市场的平稳运行至关重要。20 世纪 80 年代，大额支付系统以延迟净额结算系统（DNS）为主要形式。从 90 年代开始，实时全额支付（RTGS）系统迅速发展，目前已成为大多数国家大额支付系统的主要形式。RTGS 系统在处理期限内，以连续、逐笔方式，进行跨行资金的最终结算。考虑到 RTGS 系统的业务处理规模极为庞大，以及与其他金融市场基础设施的关联度较高，因此，系统在设计上必须具备足够的稳健性，以维护整体的金融稳定。当前，许多国家和地区正着手研究利用分布式账本技术（Distributed Ledger Technology，DLT）改造大额支付系统，其具有以下显著的优点：一是通过省略或者减少人工干预，提高支付清算效率；二是通过强化系统中的信任机制，提升业务流程透明度；三是通过多点维护强化系统弹性及稳健性。

3. 证券结算系统创新

证券市场作为现代金融体系的重要组成部分，目前其行业格局正受到区块链技术的深刻影响和冲击。业界的研究和案例表明，区块链技术可使证券交易流程变得更加公开、透明和富有效率。通过开放、共享、分布式的网络系统构造参与证券交易的节点，能够使原本高度依赖中介的传统交易模式变为分散、自治、安全、高效的点对点网络交易模式，这种革命性的交易模式不仅能大幅度降低证券交易成本和提高市场运转效率，而且能减少暗箱操作与内幕交易等违规行为，有利于证券发行者和监管部门维护市场秩序。

### （二）支付清算业务创新和发展

以生物识别技术为代表的人工智能颠覆了传统的支付行业。随着电子商务及移动支付的逐渐普及，生物识别技术商品化进程日益加速。目前，指纹识别在智能型手机应用市场渗透率大幅拉升，此外脸部及虹膜识别技术也开始进入应用市场。2015 年 5 月，国家质量监督检验检疫总局、国家标准化管理委员会联合发布了《中华人民共和国国家标准批准发布公告》，其中《安全防范视频监控人脸识别系统技术要求》获批。这一标准的推行不仅消除了人脸识别技术在安全方面的顾虑，而且为其在金融、安防等关键领域的应用提供了安全后盾。同年，中国人民银行发布《关于银行业金融机构远程开立人民币账户的指导意见（征求意见稿）》，其中正式明确了“柜面为主＋远程为辅”的原则，可以说为人脸识别的普及打开了“门缝”。12月，中国人民银行又发布了《中国人民银行关于改进个人银行账户服务加强账户管理的通知》，提出开户申请人可通过柜面、自助机具、电子渠道三类方式开立银行账户，也正是由此开始，互联网支付行业开始借助政策优势开启刷脸风潮。

区块链技术为跨境支付提供解决方案。2015年以来跨境电商迎来了爆发式发展，跨境支付的成交量和业务量飞速发展，其中表现出以下几个主要的问题。第一，高昂的手续费和漫长的转账周期是跨境支付的痛点。以目前主流的传统跨境汇款方式电汇为例，其汇款周期一般长达3～5个工作日，且手续费高昂。第二，订单碎片化的挑战。全球金融危机后，中国外贸出现新特点：大订单、长期订单逐步被碎片化的中小订单、短期订单代替，外贸订单碎片化已成为新常态。第三，在线贸易的刚性需求及交易频次提高。价格透明、销售结构从简单变得复杂，效率提升的同时利润在下滑。制造商必须全面上线，从简单的生产制造商转型为贸易综合服务商。第四，跨境支付诈骗案件频发，支付安全性受到质疑。区块链技术可应用于升级跨境业务，打造新的跨境支付方式，解决跨境支付中的痛点问题，推动跨境业务发展。通过区块链技术打造点对点的支付方式，撇除第三方金融机构的中间环节，不仅可以全天候支付、瞬间到账、提现容易及没有隐形成本，也有助于降低跨境电商资金风险及满足跨境电商对支付清算服务的便捷性需求。

# 第七章 金融科技在传统金融业的应用

## 第一节 金融科技在商业银行中的应用

### 一、商业银行转型的必要性

当前，我国经济已经进入由高速增长阶段转向高质量发展的新常态，经济发展模式转型成为银行转型的根本动力，宏观经济政策调整为银行转型提供了制度前提，而近年来金融科技的飞速发展不仅使商业银行转型成为可能，还充当了新时代银行加速转型的“发动机”和“助推器”。

首先，经济发展模式转型是银行转型的根本动力。“十三五”规划中明确指出，“十三五”期间，要加快金融体制改革，提高金融服务实体经济效率。这意味着，金融业要回归服务实体经济本位，满足实体经济的需求。特别是在我国经济进入新常态，从粗放地追求量的增长转变为更强调质量与效率的情况下，银行业务模式必须转型。

我国银行业过去重点服务的传统行业日渐式微，挤压了银行传统业务的生存空间。过去最受银行青睐的以传统制造业为代表的资本密集型产业的发展空间迅速缩小，产业转型升级不断加快。部分传统、低端行业主动收缩规模，进行供给侧结构性改革，市场化出清持续推进，传统行业生存日益艰难，企业数量减少。因此，银行要主动创新业务模式并拓展客户群体，积极推动金融服务相关体制机制改革。要注重各类金融产品和金融服务的科学集成，积极探索创新融资模式。要尽可能满足大众创业、万众创新的特色金融需求，不断推动实施创新驱动发展战略，助推发展动力转换。

其次，宏观经济政策调整为银行转型提供了制度前提。近年来，利率市场化进程持续推进，进一步压缩了银行的利差空间，银行业盈利能力有所下降。同时，叠加经济增速下行因素，资产风险进一步暴露，传统客户不断流失，业务模式难以适应新时代需要，银行业面临前所未有的转型压力。

自 2016 年起，中国人民银行将差别准备金动态调整和合意贷款管理机制升级为宏观审慎评估体系（MPA），主要从资本和杠杆、资产负债、流动性、定价行为、资产质量、跨境融资风险和信贷政策执行七个方面对银行进行宏观审慎评估。MPA 的实施在一定程度上起到了抑制银行部分金融创新业务、压缩银行高息揽存空间、提升资本要求等作用，使得市场竞争格局日益激烈。此外，银行业监管机构落实《巴塞尔协议Ⅲ》，对银行资本质量、抗周期能力以及对系统性风险的监管提出了更高的要求。无论是从宏观还是微观审慎政策来看，银行都应该尽快走上资本集约、监管达标、效益良好的转型发展之路。

最后，金融科技发展为银行转型提供了必要条件。近年来，金融科技的迅速发展使银行业感受到明显的竞争压力，迫使自身加快转型升级的步伐。从产品服务来看，金融科技公司针对客户需求将传统银行业务分解重组，降低了银行的品牌认知度。从客户群体来看，金融科技注重以客户体验为中心，追求高频互动以产生高黏性。金融科技可以利用涵盖生产经营、社交人脉、消费出行等各方面的海量数据进行用户画像，进而提供针对性服务，更好地服务于小微企业和普通民众，而银行缺乏大数据挖掘、新型风险管理建模等方面的经验和能力，传统的运营模式和风控手段无法适用于长尾客户群，面临严峻的客户脱媒的挑战。

## 二、商业银行金融科技开发现状

### （一）商业银行发力金融科技

近几年云计算、大数据、人工智能、区块链等技术的发展可能会带来金融科技成果的大爆发，商业银行是抓住这股浪潮完成蜕变，还是让移动支付的失利在其他领域重演？为适应科技带来的环境剧变，商业银行必须进行超脱短期利益的重大布局，从根本上转变经营管理模式。

2013—2015年，直销银行面临失利、不良爆发、利润增速回落、人才出走等困境，银行业诸事不利，一度成了人们口中“将被颠覆的恐龙”。2016年以来，形势似乎发生了变化，行业不良率开始企稳，利润增速回升，连股票市场的表现都让人惊艳。再看互联网金融巨头，2016年初开始遭遇强监管，之后陆续表态定位为金融科技公司，再之后，进一步精简为科技公司，让金融的归金融，科技的归科技。看上去似乎是一副“缴械投降”的样子，但银行业想要的似乎不止于此。业务上站稳了脚跟，银行巨头开始发力金融科技，个别银行开始定位为金融科技银行，让金融的归金融，科技的也归金融。

“拥抱金融科技就是拥抱未来”，这一点毋庸置疑，但条条大道通罗马，拥抱金融科技，可以自主研发，也可以借助外力。对银行业而言，金融科技的想象力总归要回到业务层面，科技没有天花板，业务的天花板却很明显。就单个银行来说，没有金融科技时，零售业务净利润为100亿元，金融科技驱动后，零售业务净利润完全有可能飙升至200亿元。扩展至全行业，引入了金融科技，行业净利润基本不可能大幅度增长。因为贷款总需求没有上升，市场蛋糕还是那么大，如果每家银行都加大科技投入，结果只能是全行业利润下滑。

2016年开始，几大互联网金融巨头先后定位为金融科技公司；2017年，大银行也喊出了“金融科技银行”的口号；从发力的领域上看，都是大数据、区块链、人工智能、云计算等。银行科技和金融科技皆是为了发现特殊的信用，并将信用固定化，变成从事金融的基础，比如消费信贷、小微企业贷款、农村贷款等。金融的核心是风险，而信息科技的使用恰恰对辨别风险、防范风险提供了帮助，从而创造新的金融产品服务于客户。简而言之，银行科技和金融科技对普惠金融的发展有特别作用，两者应相互融合，实现人人都能享受金融服务。银行和金融科技企业都应聚焦三个方面赋能：一是智能网点，二是打造生态系统，三是组建流程和数据团队。致力于在价值网时代领先一步创新的银行和金融科技企业，需要找到目标客户，从外向里看，然后基于客户的期望，确定在价值网的哪个领域和环节扩展自身的战略流程能力。

### （二）互联网巨头打造金融生态圈

基于商业生态系统视角，对于互联网金融生态圈或生态系统做了如下定义，包括蚂蚁金服或京东金融等互联网企业构建一个多边群体合作共赢机制，使得一系列关系密切的从事或参与互联网金融活动的企业、组织机构和个人，聚集在以互联网为合作和竞争平台的圈子内，在核心业务和衍生业务驱动下，经过参与各方有机协同和自组织方式形成的企业级生态圈或生态系统。其中核心业务即是支付业务，衍生业务通常包括理财、证券、保险、P2P借贷等资金融通业务。核心业务驱动衍生业务协同运行，使得互联网金融生态圈有效运转。

将互联网金融生态圈（或生态系统）分为生物部分和非生物部分，非生物部分包括外部环境和内部环境。外部环境主要是指社会经济环境、产业政策和科技水平等外部条件。内部环境主要是指支持开展互联网金融业务的软硬件环境和条件等，主要包括渠道与介质、基础设施、丰富的应用场景。在这里，渠道表现为各类交互终端、设备和方式；介质表现为资金流和信息流汇聚而成的数据流。基础设施主要包括开展互联网金融业务必须具备的支付体系，支持庞大业务数据处理的云计算平台以及征信体系。丰富的应用场景主要是指互联网金融业务存在于人们众多的生活场景中，这就要求金融产品或服务的提供必须与场景融为一体，紧密结合。互联网金融生态圈的生物部分主要是指多样化的种群。生态学中的种群是指某段时间内占据特定空间的同种生物的所有个体，在生态系统中扮演着重要角色，根据生物在生态系统中发挥的作用和地位分为生产者、消费者和分解者。在互联网金融生态圈中，参与主体包括传统金融机构、投资人、资金需求方以及其他合作企业等。从资金借贷关系的角度来看，生产者主要是资金需求方，消费者主要是投资人、投资机构、理财用户等资金出借方，分解者主要是提供一系列法律、信息、技术的中介服务的机构和企业。在互联网金融生态圈的构成要素中，以下几点是至关重要的，包括基础设施、丰富应用场景和产品、丰富的种群和海量的数据信息流。

大数据时代构建大数据驱动的平台生态圈的商业模式成为一种趋势。现实中，互联网巨头依靠巨大网络流量的优势、海量用户交易和行为等数据以及资源整合能力，构建以自身为中心的商业生态系统，尤其是构建互联网金融生态圈，则是可预见未来互联网巨头竞相发展的战略重点。经过前文的分析，以云计算、大数据、支付体系为底层支撑，信用体系为基础，开展包括支付、投融资、理财、保险等在内的多种业务、聚集海量用户和合作企业等，将会构成互联网金融生态圈的重要因素。企业在构建互联网金融生态圈的过程中，需秉承开放平台战略理念，理解生态圈构成要素，做到合作大于竞争，支持和帮助合作伙伴，共同为用户创造价值，从而实现所有参与者共赢。

### （三）商业银行与科技企业合作共赢

科技企业在带动国家经济发展、促进就业方面一直发挥着很大的作用，但是由于存在资产规模不大、无抵押等特点，融资难一直是国家关注的主要问题。随着科技企业的快速发展，科技企业的信贷融资需求也逐渐呈现了多元化、纵深化的特点。为了顺应科技企业的贷款业务创新需求，商业银行的信贷创新产品不断增加：一是便捷品种创新，如流动资金循环贷款、法人账户透支、电子票据、备用贷款等业务品种，提高了贷款效率，缩短了放款时间；二是抵押物的创新，如标准仓单、进口仓单、动产、定期存单、国债和银行承兑汇票等种类，大大扩展了企业抵押物的范围；三是组合产品的创新，由现有的信贷产品组合而来，提供企业融资、结算、理财等组合业务；四是科技企业可以通过在空间上集聚，在进行信贷融资时关联紧密的企业之间可以互相担保、互相监督，降低抵押担保风险，减少信息不对称，以寻求商业银行和科技企业合作的新契机，达到共赢的局面。银行也应当主动拥抱科技产业集聚，尤其是加强科技园区业务开展，入驻科技园后，缩短了银企之间的空间距离，业务往来的增多促进了银企之间的信息沟通，有利于银行更多地发放关系型贷款，为企业提供更好的信贷支持。科技园建立企业联保平台，企业可自行选择熟悉的企业作为联保合作对象进行结合，当联保贷款中的一个企业不能还款时，其他企业代为还款付息，大大降低了单个企业的贷款风险。另外，授信模式也从传统的逐笔授信转变为集体授信模式，简化手续，降低成本，促进集群内企业合作效率的提高。

## 三、金融科技在商业银行中的应用

### （一）大数据技术在商业银行中的应用

现代社会是一个信息化、数字化的社会，互联网、物联网和云计算技术的迅猛发展，数据资源呈几何增长，使得数据也成为一种生产要素，相比于其他行业，金融业具有数据量大，金融数据逻辑性强，要求更高的实时性、安全性，结构化数据占比高并且应用场景广泛，潜力大等特点，所以金融业在应用潜力和投资规模上都是大数据应用的重点行业。传统的客户关系管理是基于对样本的调研数据分析，对客户的分类也只是仅仅依据静态的不够全面的数据，对客户需求的了解比较片面，且分类不够准确。大数据时代的到来，对银行业的各项业务和管理方式产生影响，客户关系管理产生变革。相较于传统的基于样本的数据分析，大数据更加关注动态，从关注样本转变为关注全面，从关注客户的单一需求转变为多样化需求，改变了以往的银行客户关系管理思维。大数据技术的应用提高了客户价值识别的能力，通过客户的行为信息，例如交通出行的生活习惯、在电商平台上的消费习惯、客户的住房信息和浏览主流网站体现的兴趣爱好等结构化和非结构化数据，通过对海量数据的分析判断客户价值，从而对银行客户提供有针对性的服务；同时在另外一方面是对银行数据驾驭能力的提升，大数据技术面对的是巨量、繁杂、高速运转数据，银行为了发挥大数据的商业价值必然需要提升现有的客户关系管理系统的数据收集和处理能力。以下阐述客户管理涉及的相关技术包括用户画像、推荐系统和大数据征信等。

用户画像是将用户碎片化的信息组织起来，通过一套标签化体系，刻画用户的固有属性，如性别、年龄、收入水平等，以及兴趣与偏好属性，如投资偏好、风险倾向等。用户画像的构造，大部分标签是离散值，主要采用前文如逻辑回归法、支持向量机、决策树等，对于年龄以及收入水平等，可能会用到数值类的预测模型，如线性回归法等。当数据中包含多媒体和自然语言文本数据等非结构数据，深度学习也会被采用。在产品与服务的运营中，需要进行客群分析，用户画像就是客群分析的一个直接依据。

推荐系统为客户或者潜在的客户提供个性化的产品和服务，可以通过用户画像，以及用户画像中标签与产品或服务之间的关联来构造，也可以通过一些具体的技术来构建，如协同过滤技术本质上是一种猜测客户对某种产品或服务喜好偏度的预测方法。在了解社交网络关系的前提下，也可以基于人际复杂网络分析技术来做推荐，直观的可以视为熟人之间的营销，推荐系统可以为客户提供个性化服务，提升用户体验、用户活跃度以及唤醒沉睡客户。

此外，大数据征信利用信息技术优势，将不同信贷机构、消费场景的海量数据整合起来，并进行数据清洗、模型分析、校验等，从而加工融合成真正有用的信息。大数据的发展丰富了有效数据资源的同时改变了传统数据的处理模式，促进了互联网征信体系与大数据的深度融合。

基于大数据的评估体系与传统的信用评估体系相比主要区别有以下几点：①从服务的人群来说，大数据信用评估体系可以服务没有被传统征信体系覆盖的人群，即没有征信记录的人群（央行征信系统建立档案的8.4亿人口中，也只有3亿多人有过金融机构借贷记录）。②从数据源来说，这种新的信用风险评估体系大量采用非传统的信用数据，包括互联网上的行为数据和关系数据，例如客户在电商平台的交易数据或是第三方支付平台的交易数据、客户在互联网金融平台的发生的投资、公益方面的数据等。③从关注的侧重点来看，传统的信用评估模型更关注授信对象的历史信息，致力于深度挖掘。而新的信用评估体系更着重看中用户现在的信息，致力于横向拓展。④信用量化评估的方式也发生了改变，大数据信用评估体系基于大量统计技术，不仅采用机器学习的模型，而且使用更多变量。一方面，可以使信用评估决策效率提高；另一方面，还明显降低了风险违约率。

### （二）区块链技术在商业银行中的应用

供应链金融是对一个产业供应链中的多个企业或上下游多个企业提供全面的金融服务，来促进供应链核心企业以及上下游企业“产—供—销”链条的稳固和顺畅运转，并通过金融资本与实业经济协作，构筑银行、企业和商品供应链良性互动的产业态。区块链技术中的去中心技术应用到跨境支付中可以克服传统跨境支付业务模式的问题，比如时效性差、费用高、安全性低以及持续性差的问题。基于区块链的跨境支付通过将计算机、密码学、数学等技术结合起来建立不熟悉交易双方之间的信任，改变传统的凭借第三方中介机构来实现信任和价值的传递。采用区块链技术能够解决传统供应链金融出现的问题：①将融资企业的每笔交易记录写入区块链，作为银行授信依据，有助于解决核心企业不愿提供信用背书的难题；②供应链金融业务参与机构可以凭借区块链技术建立一个信息共享的联盟平台；③依据区块链上的历史记录职能调整剩余可用额度；④借助智能合约实现按时还款和清算；⑤区块链的供应链金融平台可为各方、各环节提供服务。

区块链技术应用于跨境支付主要有以下几点优势：①与传统的跨境支付不同的是，区块链技术使得点对点之间的支付成为可能，减少中间机构的参与，缩短跨境支付的支付链条，从而缩短跨境支付的时间，区块链基本上可以保证实时到账。例如国内银行的电汇平均时间需要2～3个工作日，而区块链只需要5秒至10分钟。②降低成本。区块链实现了客户点对点之间的支付，不需要中介机构的参与，所以消除了中转银行的费用。另外，由于区块链的时间戳和共识机制，所有交易记录可以追溯并且不可篡改，使得区块链不需要额外成本建立信用体系。③加强流动性。区块链支付系统点对点的交易特性使得交易的处理能够实时完成，降低了在途资金的占用量，并且银行只需要使用某种被双方认可数字货币，避免了额外储存其他法币，从而减少其他货币的占用。

### （三）云计算技术在商业银行中的应用

我国商业银行经过二十多年的发展，在信用卡和征信业务上已经形成一定的规模，但是值得注意的是目前国内的此类业务存在许多的问题，例如申办程序手续烦琐以及填写资料多导致客户满意度低，银行的工作量也在持续增加。云计算的出现也提供了有效途径，银行建立本系统的私有云，使得客户可以在网络上实现信用卡申办、挂失、还款等业务，还可以提供其他功能，例如资料上传录入，银行信用卡卡种说明及收入和信用额度比照表，申请人的身份证件、收入证明、联系方式等；自动审核程序，对客户提供的资料进行有效审核，审核无误后根据银行收入和信用额度比照表对客户授予相应的额度，并反馈进行相应的信用卡制作；安全挂失服务，采集持卡人的声音、指纹等并将其存储，客户通过云端来实现网络验证挂失；自动还款渠道，每个客户可以网络还款，还款时使用电子印章或指纹等确认。2005年以来银行企业和个人征信系统先后上线运行，已逐步发展成为我国防范信用风险的重要金融基础设施。但是目前银行系统内部两大数据库尚未联通，信息无法共享，数据更新不及时，信用信息记录不全面。云计算技术下，信息会得到共享，只要通过浏览器连接到云端，就可以快速获取综合数据。

### （四）人工智能技术在商业银行中的应用

顺应人工智能时代大趋势，银行不断探索人工智能技术的应用和实践，并在智能投顾、AI＋人脸识别、智能客服、智能柜台、智能风控和无人银行等方面取得了一定进展。然而，由于针对人工智能的监管机制变革滞后、技术不成熟的原因，也存在人工智能应用简单、对数据价值挖掘不充分、安全技术风险隐患突出等问题。应加强人工智能基础设施建设拓展应用场景；完善风险安全防范机制，提高人工智能应用风险防控水平。人工智能在银行等金融领域具有广阔的应用前景，随着语言及自然语言处理、计算机视觉、机器学习技术在金融领域的深入运用，人工智能正在推动银行业进行颠覆式变革。

智能投顾是指在投资组合管理等模型基础上运用智能算法、机器学习，根据投资者的风险偏好和投资目标，为投资者提供资产配置再平衡和投资建议。我国已有多家银行开展智能投顾业务。比较有代表性的是招商银行2016年底推出的“摩羯智投”，把投资者风险等级划分为十级，按照投资周期分为低于1年、1～3年和3年及以上，风险等级越高、投资周期越长，预期投资收益率越高，之后根据客户收益要求构建投资组合，由客户自主进行决策、“一键购买”并享受后续专业服务。2017年9月，广发银行推出了“广发智投”，客户可以结合智能基金配置建议，选择公私募基金。2018年6月，光大银行推出了“光云智投”，拥有更为智能的市场分析系统，能够准确跟踪市场热点与舆情风险，为客户提供一站式全球资产配置。与传统的人工投顾比较，智能投顾兼具投资服务门槛低、智能化和分散化等优势。

生物识别是指利用人体固有的某些生物特征，采用生物统计学算法和计算机运算能力，鉴别出个人身份。生物识别源主要包括人脸、指纹、虹膜、静脉、声纹等。在各项技术中，指纹识别发展最早，应用也最为广泛，其次是人脸识别和虹膜识别。人脸识别最大的优点在于“非接触性”，这可以大大提升系统响应速度，提高使用便捷度，同时避免指纹等接触式识别产生的疾病传播等卫生隐患。在银行业，目前生物识别主要用于进程开户，只是由于技术不完善，人脸识别开户时仍会出现错误，需要人工进一步的核对。我国商业银行积极推进“刷脸取款”，同时还将人脸识别、手机号码验证、密码验证统一起来，进行多重防护。以中国农业银行为例，2017 年 10 月 28 日，中国农业银行开始在柜面应用人脸识别技术，站在中国农业银行 ATM 机前，客户看一眼摄像头，再输入手机号、取款金额和密码等信息，ATM 机可以自动吐钞。未来随着技术水平的提升、错误率的降低，生物识别将应用于银行业的更多领域，如账户登录、在线取款、在线转账等。

随着人工智能技术的迅速迭代，机器在模拟人类的功能方面日益成熟。应用人工智能，银行加快智能语音服务发展进程。目前智能语音服务主要集中在电话端，用语音直接查账单、咨询理财等业务的智能语音导航系统。在银行服务的前台，应用人工智能可以向广大长尾客户提供更加人性化、智能化和专业化的服务，降低银行成本，提升用户服务和营销体验；中台方面，应用人工智能技术可以为金融分析交易和银行授信提供专业决策支持。智能机器使用超声红外自动避障、雷达智能导航、语音智能识别、语义解析、视觉识别、人脸识别等技术手段，可完成基本行为、感知、交云功能，通过机器人智能和后台进程支持，实现厅堂迎宾、业务咨询、业务办理、分流引导、产品营销等多个功能。比如民生银行的“智能厅堂机器人”的大堂机器人可以接待指导客户，还可办理数十种不同类别的常见大堂业务，其中包括开卡、修改信息、卡激活、挂失、卡密码（重置、修改、解锁）等。交通银行于 2015 年率先推出我国首台智能机器人“娇娇”，经过迭代发展后，不仅可以进行人机互动语音交流，还能准确回答客户的各种提问，精准识别熟悉的客户。

近两年来智能柜台机加速应用，基本上可以自助办理所有的柜台业务，对于客户而言可以提高效率。比如中国银行的智能柜台机，传统柜台办理同样的开卡业务用时为 10～15 分钟，而智能柜台机只需要 5～10 分钟；常见的流水打印业务传统柜台需 10～30 分钟，智能柜台则只需 2 分钟。目前，中国银行的智能柜台主要对个人非先进业务进行迁移，包括开卡、开通网银、流水打印和投资理财等。兴业银行推出的智能柜台经过迭代升级，服务效率比传统柜面提高 58.2%。

日益成熟的人工智能技术、VR 技术使得无人银行成为可能，中国建设银行于 2018 年 4 月 9 日在上海成立了我国第一家“无人银行”，没有柜员、保安和大堂经理，设置了智能机器人在网点引导客户操作，客户通过智慧柜员机和远程视频柜员机，就可以快速办理贷款和理财咨询等业务，老年人可以通过远程 VR 与客户经理建立联系，通过远程互动解决客户难题。客户只要第一次通过刷脸验证之后，不需要银行卡和密码直接刷脸就能办理业务。无人银行通过引入机器，提高客户审核速度和准确率，简化了办事流程，业务办理效率得到大幅提升，客户排队时间大大缩短。

## 四、安徽省主要商业银行金融科技应用现状

随着大数据、云计算、移动互联等技术在金融领域的深度应用，商业银行经营业态、竞争格局、发展趋势都发生了悄然而深刻的变化，各商业银行都高度关注科技的开发和应用，但技术开发工作主要由银行总部统一完成。徽商银行和安徽省农业信用社联合社作为省内两家主要的商业银行在金融科技的开发和应用方面做出了积极的探索。

### （一）徽商银行“徽常有财”直销银行

徽商银行作为安徽省规模最大的城市商业银行，在金融科技的开发和应用方面投入了大量的人力和物力，致力通过“扩大业务覆盖面、提升客户体验、提高服务效率、降低交易成本、有效控制风险”的新模式，为客户提供智慧化服务和极致化体验，为银行的转型升级发展注入新动力。

2015 年初，徽商银行设立互联网金融战略委员会，作为实施互联网金融战略的议事和决策机构，统筹协调和指导全行互联网金融重大项目的决策与资源分配。2015 年 1 月，徽商银行上线直销银行“徽常有财”。“徽常有财”作为徽商银行互联网金融的核心载体和平台，始终坚持“互联网＋金融”模式，按照“移动化、数据化、平台化、场景化、合作化”的思路，持续丰富“存、贷、汇、理”全谱系产品，致力打造“既生活又金融”的综合金融服务平台。

围绕直销银行平台，徽商银行以互联网贷款产品为突破口，聚焦场景化互联网消费金融，依托“组合化管理、模块化设计、参数化控制”的理念，重点推出“信保网贷”“享花”等产品，有效满足了各类群体差异化的消费需求。其中，“信保网贷”是通过“场景＋保险公司＋银行”的模式，由该行向符合条件并在指定保险公司购买“个人贷款保证保险”的自然人发放的用于消费用途的贷款。“享花”是基于互联网技术、切入小额消费场景的个人信贷产品，是全国首家直销银行自建生态互联网消费金融产品，打造形成了“互联网直销＋网上消费贷款＋财富收益覆盖成本”的全新商业模式，通过品牌厂商、客户、银行的有机融合，真正实现了多方共享。

为了加快财富管理产品创新，提高直销银行平台资产输出能力，徽商银行还积极布局智能投顾。2017 年直销银行“徽常有财”天机智投正式发布，这是国内第一家直销银行推出的基金智能投顾平台，标志着该行财富管理业务迈出实质性转型升级步伐。“天机智投”基金智能投顾产品依托客户画像、交易数据、产品业绩回溯等大数据和机器智能算法，为用户提供一站式资产配置服务。该产品可为客户提供量身定制的智能产品组合、一键跟投、调仓、撤单以及收益分析等全流程服务。

除此之外，徽商银行积极运用“账户＋”，增强综合服务能力。为了进一步丰富电子账户服务体系、推进直销银行产品与账户服务的灵活对接，徽商银行立足互联网应用场景，结合各行业特点，将账户服务与投融资产品叠加输出，形成了跨行业“账户＋”互联网金融综合服务方案。“徽常有财”与万科物业、京东金融等行业标杆企业成功合作，助力合作方完

成 O2O 场景融合的同时，实现自身业务拓展能力和金融服务能力双提升。另外还打造“智慧账户”，构建个人、家庭账户云管家平台。运用大数据和人工智能技术，将传统转账、还款、缴费、支付、查询等业务重构为集账户管理和智能理财为一体的“智慧账户”产品体系。当前已具备智能还款、智能账单、家庭账户圈等多样化功能，更加方便、快捷、高效地为用户个人及家庭提供资金管理服务。

#### （二）安徽省农村信用社联合社“信 e”系列产品

近年来，安徽省农村信用社联合社坚持科技引领、创新驱动，加快金融科技布局，力求为全省客户提供线上与线下高度一体、金融与生活深度融合的产品服务。自 2017 年 6 月以来，先后推出了聚合支付产品“金农信 e 付”、农村综合金融服务室“金农信 e 家”和此次推出的大数据信贷产品“金农信 e 贷”等“信 e”品牌产品。“信 e”系列品牌产品，与新一代安徽农金手机银行、“社区 e 银行”等产品共同构成了一个“功能齐全、服务快捷、渠道多元”的电子银行产品及服务体系，安徽农商银行新金融服务矩阵已基本成型。作为践行普惠金融的创新产品，“金农信 e 贷”客户通过手机银行客户端即可实现贷款的申请、审批、签约、发放等全流程自助办理，无须抵押担保，不需要提交纸质材料，通过手机客户端最快三分钟就能完成贷款申请、审批和发放等全部手续。

## 第二节　金融科技在证券业中的应用

### 一、证券业金融科技的发展背景

中国证券市场与国外发达国家证券市场相比，起步相对较晚，中国证券市场有着很强的后发优势，历史包袱小，在信息时代到来时，在短时间内就完成了信息化的改造。20 世纪 90 年代初期，我国证券行业就构建了一套完整的 IT 体系，并在随后的 20 余年不断适应监管要求和市场创新需求加以改进和完善，成为支持中国证券这个庞大市场稳定运行和发展的基础，同时改变了传统证券行业的交易模式、结算模式、数据存储和技术架构。

第一，在交易模式方面。20 世纪末以来，互联网得到了迅速的推广，对传统证券业的运营方式造成了强烈的冲击。2000 年 3 月，证监会颁布了《网上证券委托暂行管理办法》，从监管层面认可了网络交易，从此证券公司开始了新一轮的建设，着手引入互联网技术，构建网上交易平台，同时，随着手机的普及，证券公司开始打造移动客户端，并迅速完成了推广。第二，在结算模式方面。2001 年，证券业依照国外先进经验，加强风险管控，提高市场资金利用效率，进行了结构优化，将交易和结算系统进行了剥离，经证监会批准由沪深交易所出资成立了中国证券登记结算有限责任公司（以下简称“中国结算”），沪深交易所将原有登记、清算和交收职能委托给中国结算。在系统层面也完成了交易和结算系统的分离，形成了证券公司、交易所、中国结算三套系统鼎立发展的格局：证券公司主要面向投资者服务，系统设计注重海量访问方面；交易所系统以交易撮合为主要功能，系统设计注重实时处理能力；中国结算以日终清算交收为主，系统设计主要考虑批量数据处理场景。这在客观上形成了三个不同的发展方向。第三，在数据存储方面。随着资本市场的发展，以及业务的不断创新，防风险逐步成为证券市场的重要任务之一。为了增强风险防控能力、及时掌握市场的走向，市场的数据呈现从分散到集中的态势。这个过程总体上可以分为两个步骤：第一步是公司层面的数据集中，这次数据集中是上述交易集中改造的直接成果，通过核心交易系统的统一，证券公司对公司内部的数据进行了整合，形成了企业级的数据库，增强了内部的风险防控能力；第二步是行业层面的数据集中，这次数据集中由证监会牵头，中国结算和中证监测两家机构具体落实，将证券交易结算数据、账户数据、期货数据、基金数据进行了汇总，形成了行业级的数据库；第四，在技术架构方面。伴随着技术的逐步革新和市场环境的变化，证券业 IT 体系也在逐步地演进，从大体方向来看，证券 IT 系统架构的发展主要有两次大的变革：第一次变革是自 20 世纪 90 年代开始的从 X86 服务器向小型机的转变，主要是因为 X86 服务器的能力有限，而小型机的计算能力与价格比更优，而且运行更稳定。第二次变革是自 2005 年开始，分布式架构日趋成熟，云计算、大数据等技术迅速发展，允许分散的计算资源做出高效的整合。与此同时，由于芯片价格的下降，X86 服务器的价格急剧下降，在相同价格下，其经过整合损耗后的计算能力也已经超过了小型机，因此各市场机构纷纷开始在分布式方向进行试点，并尝试逐步开始向分布式架构转型。

## 二、传统证券 IT 系统的问题与挑战

随着资本市场的飞速发展、业务的不断创新、信息技术的不断更新、用户规模的不断扩大以及用户需求的不断提高，证券行业的 IT 系统也面临多方面的问题与挑战：业务创新快，IT 响应慢；业务种类多，系统数量多；并发需求高，系统扩展慢；业务流程长，机构对接多；长尾用户多，人力不充足；用户需求大，精准营销差等。

### （一）业务创新快，IT 响应慢

21 世纪以来，证券市场创新进入快车道。无论从大的业务创新，包括中小板、创业板、融资融券业务、股指期货、沪港通、深港通等陆续开通；还是小的业务规则，包括股息红利税差异化征收、IPO 承销制度改革、减持新规实行、可转债发行改革等逐步实行。这些创新与改革和优化市场结构的同时，对 IT 体系也造成了极大的压力，这些创新项目通常对时效性的要求很高，要在短期内完成全行业的配套改造，对证券 IT 的响应速度提出了极大的挑战。

### （二）业务种类多，系统数量多

随着改革的深入和业务创新的发展，证券的品种越来越多，从早期的 A 股、B 股、国债逐步拓展到了基金、港股、公司债、可转债、可交换债、期权、期货、A 股、B 股、资产证券化产品，同时还开通了融资融券、转融通、员工持股计划、网络投票、线上业务办理、资讯、顾问等衍生和增值服务。这使证券业的业务种类繁多，各个业务种类面向的服务对象和运维要求也各不相同，导致不论是交易所、中国结算等市场核心机构，还是证券公司、期货公司、基金公司等市场服务机构，其内部系统均十分繁杂，日常的维护任务比较繁重。

### （三）并发需求高，系统扩展慢

我国是直接持有体制国家，交易所、中国结算、券商均直接面向投资者进行服务，而我国的投资者目前已经达到了1.3亿人，且以自然人为主，小股东比较分散，不稳定性和不确定性较高，股市波动较大。在大行情来临时，容易造成情绪化交易，从而产生大量的订单，如2015年4月20日上交所单日交股数达到了857.13亿股。这种突发行情产生的大量数据，对盘后处理、登记结算和数据仓库等系统造成了极大的压力，但是受限于系统的集中式架构，无法实现在短时间内的扩展，给证券业的安全运行埋下了隐患。

### （四）业务流程长，机构对接多

在证券的早期业务中，如股票和债券的集中交易，业务规则比较简单，单笔业务办理的环节比较少，涉及的相关角色少。但随着业务的创新，业务办理的环节变多，时效性变长，而且涉及的角色越来越多，需要多方的交互与配合。以“两融”业务为例，完成融资融券和转融通的过程，涉及多个投资者以及多家证券公司、证金公司、交易所、登记公司等机构，同时又在证券交易系统的基础上引入了担保品、信用账户等一系列其他系统，业务流程长、逻辑复杂性高、相关机构和系统多，增加了IT系统的复杂性和各机构间的耦合关系，对各机构系统间的对接提出了较高的要求。

### （五）长尾用户多，人力不充足

我国投资者人数众多，已经达到了1.3亿人，且以非专业人士居多，需要较多的专业咨询与代理。从业人员与股民的比例还比较低，不能完全满足客户对咨询服务的需求，目前状态是市场规律决定的优势资源优先服务高净值客户，对于广大的低净值长尾用户，缺少配套资源，包括培训、信息来源和顾问服务等。与广大客户的专业资源需求相比，利用证券科技服务长尾用户、降低证券业人力资源压力方面的作用还有待进一步加强。

### （六）用户需求大，精准营销差

随着业务的不断创新，证券品种日益繁杂，投资的渠道与种类不断拓展。与此同时，随着经济的不断发展，用户的投资需求也日益增大，但用户的投资目标、资金存量、现金流需求、风险偏好等各不相同。单靠人工对用户进行了解和推荐，已经不能完全满足用户的需求，整体的精准营销水平还处于一个比较低的状态，实践中已经对利用证券科技解决这一问题提出了较迫切的需求，但在很长的一段时间内，这方面的进展较为缓慢。

## 三、证券业中的关键金融科技

大数据、云计算、人工智能和区块链等技术在证券业内正进行着渐进的研究与应用，并与证券业的需求进行不断的交叉、融合与升级，给证券业面临的问题与挑战带来了破题的机遇。一些成功的实践，也给出了金融科技变为证券科技的科学落地方式与宝贵的参考经验。目前较为成功的实践案例主要有较为成熟的“证券＋大数据＋人工智能”“证券＋大数据＋云计算”“证券＋云计算＋人工智能”以及正在尝试的“证券＋区块链”。

### （一）“证券＋大数据＋人工智能”

“证券＋大数据＋人工智能”的典型代表就是智能投顾和智能监管。智能投顾是利用人工智能的分析能力和大数据的数据处理能力，深度结合投资人的风险水平、期望收益以及市场动态等，采用多种算法和模型为投资人提供综合的资产配置服务。智能投顾起步于2008年的美国，2010年专业的智能投顾公司Betterment成立，标志着智能投顾作为一种标准化服务的正式诞生，在经历了短暂的快速增长期后，进入了平稳的增长期。随着AlphaGo等人工智能技术引发了社会的广泛关注，智能投顾再次引起了证券业的高度重视，中国作为智能投顾方面的后发者，呈现了远超美国市场的爆发式增长态势。由于智能投顾是利用计算机进行的，运营成本和边际成本低廉，非常适合解决我国当前用户多、咨询资源少的问题。同时，由于利用技术手段对用户进行了深度分析，可以提供更符合用户特性的个性化服务，提高精准营销的能力。

目前国内证券业已经较大范围地应用了智能投顾，其中比较大的项目包括2015年东吴证券“东吴秀财”推出的“量身定制”；2016年广发证券推出的“贝塔牛”，平安证券推出的“智能资产配置服务系统”，华泰证券收购AssetMark并对外提供服务；2017年长江证券推出的iVatarGo；国泰君安、海通证券、光大证券、东兴证券等大中型券商也推出了智能投顾产品。

智能监管是由金融科技的不断发展催生的。随着大数据、云计算、移动互联、人工智能和区块链等技术不断应用于当前的金融体系，智能投顾、智能合约等产品的推出对现有的金融监管能力、监管范围和监管框架提出了直接的挑战。证券业的智能监管就是将证券业的实际应用场景利用大数据的分析能力和人工智能的分析方法对现有的监管体系进行补充。以数据为基础的智能监管，从另一个角度对市场数据进行了多维度的分析，对一些貌似合规合理的交易操作进行了深层次的挖掘与解读，通过对比以往操作数据，进行多账户关联分析和资金数据分析，给出监管需要关注的对象，并提供相关的线索。从2014年起，英国的FCA和美国的FINRA等机构就开始陆续利用智能监管技术进行风险防控。

2016年深交所构建了基于人工智能和大数据技术的监察系统，用以进行实时监控、调查分析和风险监测。智能监管的逐步应用使证券业的监管能力进一步增强，为规范市场、保护投资者利益做出了卓越的贡献。

### （二）“证券＋大数据＋云计算”

“证券＋大数据＋云计算”的典型代表是直接面向终端投资者的在线服务，与移动互联技术相结合，又可成为移动服务。在线服务和移动服务是在当前互联网飞速发展的背景下逐渐展开的。由于互联网分布广、速度快、使用方便的特点，与证券业时效性强、参与人数多、信息交互频繁的要求有着天然的契合度，所以自2005年以来，各市场机构逐步在开展网上交易的基础上，开展了在线业务，目前所有提供经济业务的证券公司均已经开展了网上服务和移动服务。但是在线服务的交互与交易相比信息量大、交互信息次数多，我国的投资者用户又多，因此在一些特殊时间会造成系统的并发量极高，而传统的技术架构没有办法实现在短时间内升级扩容，会造成短时暂停服务的现象。云计算的自动化管理功能给这一问题带来了解决的契机，云计算平台支持弹性的扩展，允许系统在压力较大时按分钟级完成系统的部署，同时又允许系统在压力较小时释放资源，增强系统抗压能力，从而实现资源的共享又达到了节约资源的目的。与此同时，通过大数据技术的分析能力也能够让市场机构捕捉市场活动的规律，提前做好相关的准备工作。目前沪深交易所、中国结算和各大中型券商均已上线了自己的在线服务云平台。

### （三）"证券＋云计算＋人工智能"

"证券＋云计算＋人工智能"的典型代表是面向企业内部的开发测试云。随着业务种类的增多、业务的复杂性增加，证券市场各方机构的系统数量越来越多，硬件平台与软件架构越来越复杂。同时，依照国务院和证监会的相关要求，沪深交易所、中国结算和证券公司在系统上线前需要经过多轮次的测试，需要布置多套测试环境用以适应不同的场景，导致机构内部的开发测试环境庞大、复杂、散乱，基础资源浪费严重，而且运维人员的压力也较大。开发测试云是在对现有开发测试的跨平台基础资源进行整合的基础上，面向项目全生命周期管理、流程管理、代码托管、代码检查、编译构建、测试管理和部署等过程及环节提供标准化的服务，利用云管平台的能力对软硬件资源进行按需分配，以实现开发测试环境的弹性扩展与动态回收。

同时，利用人工智能技术和云计算平台的监控能力，实现自动化运维，对资源进行智能化调度，允许开发测试云对某系统的故障节点进行自动补充，压力过大时自动扩展，压力过小时自动压缩，对上层应用实现无感切换。最终达到事前预警、事中恢复、事后存档分析的目标，减少重复性人工干预，提高系统整体的可用性。目前上海证券交易所和中信证券、海通证券等大型券商已经部署了开发测试云。

### （四）"证券＋区块链"

"证券＋区块链"的典型应用场景是场外业务。由于区块链上各个节点共享相同的数据，可以做到一次提交、多方检验，因此特别适合业务参与方比较多且流转过程比较复杂的场景。根据业界的初步讨论，在场外业务场景中，其登记、股份转让、股份质押等环节与场内市场相比，流程较为复杂，涉及股票持有人、银行、券商、交易所、登记机构等，材料流转多，且规范化程度较低，因此采用区块链技术，存储不可抵赖、多方见证的凭据可以有效地减少对凭据有效性的多次验证，缩短多方达成共识的时间。当前美国的纳斯达克已经上线了基于区块链技术的 Linq 项目，允许股票在其上进行发行与交易，欧洲的 Euroclear 公司也推出了基于区块链的黄金交易平台。在国内，中国结算已经搭建基于区块链技术的股权质押系统，并于 2018 年推出应用。其余机构由于业务模式和当前的市场分工与组织架构有所冲突，尚未开展对外提供业务服务的项目建设，但有部分机构选择了在机构内部进行技术试验。

## 四、金融科技在证券业的应用场景

随着金融科技的不断发展与广泛应用，其对证券业的影响主要呈现在以下几方面：一是金融科技的应用能力决定证券经营机构未来的核心竞争能力，包括客户服务能力、财富管理能力、投资管理能力、风险管理能力等；二是有力推动证券经营机构数字化转型，提升资源整合能力和效率，从而实现产品与服务创新，实现业态升级、优化和变革；三是全面提升证券经营机构服务客户个性化、专业化水平，进而有效提升客户体验的满意度和投资者的投融资能力；四是大幅提升证券经营机构内部运营管理水平，加快实现智能化运营与数字化运营。在这样的影响下，证券业的商业模式和应用场景将出现革新，证券经纪业务、投行业务、机构业务、投资和资管业务、运营风控等领域都将利用金融科技进行改造升级，智能化、一体化的证券业新生态呼之欲出。

### （一）证券经纪业务

金融科技有利于提升证券经纪业务数字化、智慧化运行服务水平，降低客户获取和客户服务的成本。在客户营销方面，以身份信息、消费数据等多层次数据为基础，基于客户的风险偏好、收益偏好，采用响应预估及最优补贴模型，可以有针对性地满足不同的需求，降低获客成本，提升资金获取效率。在投顾服务方面，依靠人工智能和大数据分析，为更广泛客户提供更高效灵活的资产配置服务。目前，智能投顾应用已开始起步，如国信证券推出的“金太阳智投”系列产品，通过智能化为投顾赋能，提供精准化服务和产品，为客户带来了行情、交易和理财的全新体验。在客户服务方面，智能客服有效分担了人工客服的压力，并具有应答速度快、准确率高和合规高效等特点，在应用过程中获得了证券经营机构与客户的认可。在网点建设方面，以“科技＋服务”加速证券业网点转型，发挥生物识别、远程视频柜员机（VTM）等前沿科技作用，逐步实现服务网点的标准化、轻型化和虚拟化。

### （二）投行业务

金融科技有助于提升投行业务对“潜在机会”的捕捉，通过增强专业数据分析能力和动态督导能力，提升业务专业水平和工作效率。在机会挖掘方面，可利用网络爬虫等技术对海量的工商、监管、投融资、新闻资讯等各方面信息进行整合处理，实现对资本市场产业链相关客户的挖掘，带动投行综合化联动营销。在提升业务办理效率方面，通过基于深度学习和自然语言处理的“文档审核”“文档自动生成”及机器人流程自动化（RPA）等技术，实现业务活动数字化、电子化和自动化，大幅提升投行业务办理效率。在业务督导和服务方面，运用基于行业分析、产业链图谱、上市公司问题发现、智能舆情监控等方面的大数据技术，实现相关企业的全方位风险评估和目标定价，实现投行业务事后监督和管理。

### （三）机构业务

随着国内机构投资者的快速发展，机构业务内涵也从传统的“经纪通道”向“一站式主经纪商服务”发展，这需要证券经营机构在“募集、投资、管理”全过程中提供智能化、集约化、高效能的优质服务。在募集销售方面，通过人脸识别、云计算等技术，自动实现投资者的适当性评估和风险动态匹配；运用区块链、加密安全算法，系统化保存签约记录，保障募集过程合规化，提升募集效率。在投资交易方面，随着投资品种不断丰富，机构投资能力的差异将体现为其对金融信息和数据的获取及处理能力上；证券经营机构可构建金融大数据中心，提升数据接收及处理的深度、广度，提供交易策略的分析和优化建议。在运营管理方面，建立智能化运营平台，整合多经纪商、多终端、多品种的交易数据，结合机器学习、金融工程模型，分析大类资产配置、投资运作情况，辅助投后管理。

### （四）投资和资管业务

未来可应用个性化的财富管理、智能投资、自营投研等技术提升投资和资管业务水平。

在投资标的调研阶段，借助舆情监控、大数据经济指数等，获取更广、更深的信息。在投资标的筛选阶段，利用研报自动化解读、企业经营性数据预测等手段形成差异化投资因子。在投资组合建立阶段，利用人工智能技术可提升决策能力。在组合运行风控阶段，利用结合情景分析的智能配置从宏观和市场情绪的角度发掘多资产关联关系，完成智能配置及调仓。

### （五）运营风控

在运营管理领域，可结合金融科技整体提升证券经营机构的数字化运营能力。数字化运营支持跨部门的业务能力和客户服务整合，实现以客户为中心，以及整体业务价值的最大化；支持跨业务条线的运营统筹，结合 RPA 的应用，实现公司级运营管理整体化、高效化和智能化。在合规风控领域，依托金融科技，证券经营机构的全面风险管理将实现质的提高。例如，国信证券正在建设的全面风险管理系统，可实现风险事件提取的自动化、智能化，全面、及时、合理、有效地防控风险。同时，在证券经营机构开展市场风险管理、信用风险管理、反欺诈、反洗钱、征信、客户身份识别、客户关联关系挖掘等工作的过程中，智能化和大数据技术也将发挥核心作用。

## 五、安徽省主要券商金融科技应用现状

通过大数据、云计算、人工智能等技术对各项业务的赋能，金融科技应用可渗透到证券经营机构经营管理的各个环节，将在提升运营效率、强化风险识别、挖掘潜在业务机会等方面展现出巨大潜力和勃勃生机。安徽省内两家主要的券商也积极探索金融科技的创新与开发，并取得了一定的效果。

### （一）国元证券

国元证券是安徽省规模最大的券商，现已经发展成为在全国拥有 140 多家分支机构，业务线覆盖经纪、资管、投行、基金、期货、国际等为一体的全功能型综合类券商。目前，公司总资产已逾 800 亿元，净资产已超 250 亿元，最新净资产排名位列行业第 17 位。国元证券一直高度重视金融科技的开发和融合，其组建了近百人的产品研发队伍，致力于利用金融科技手段，打造一个集数据、配置、产品、渠道、服务于一体的智能化金融服务生态圈，以独立开发的移动业务“国元点金”为平台，基于大数据、人工智能等技术开发了一系列包括“智能选股”“形态选股”“历史回看”“今日机会”和“智能诊股”在内的特色服务和产品，基于大数据、智能技术和评价研究能力，不断提升前端零售客户自服务的能力，持续优化客户体验。其中，“智能选股”是使用大数据选股模型，根据消息面、技术面、基本面和资金面等多维度因素，筛选出当天值得重点关注的若干支股票；“形态选股”是通过比较用户选取的特定 K 线图，根据量价关系，对市场其他股票进行形态模式识别和成交量趋势分析，寻找成功概率较高的股票形态，从而挖掘市场热点的走向，捕捉到最能带来丰厚利润的个股；“历史回看”是通过对大盘或个股 10 多年的历史行情数据分析，从年、月、周多维度分析，得出历史同期或重大事件前后涨跌概率和平均幅度，辅助投资者抓住行情机会、规避投资风险；“今日机会”是主打“主题投资”的 A 股资讯神器，根据用户个性化关注主题，每日推送最新、最快、最准的消息，帮助客户第一时间了解资讯，抓住机会；“智能诊股”是

从场景、需求出发，依托机器学习算法和大数据平台，形成对人工投顾服务的完善和补充，用以辅助客户交易决策、提升交易效率。

此外，国元证券还积极联合省内优势技术资源，勇于探索开发技术前沿，并取得了一系列成果。国元证券联合科大讯飞，借助其全球领先的语音识别、自然语义理解等人工智能技术，与证券领域业务深度结合，基于全新语音交互技术的智能语音机器人——元宝，内嵌于国元点金 6.0，实现了“语音交易”“语音行情查询”“语音投资者教育”“语音功能导航”“语音资讯播报”等丰富功能，为客户提供 7×24 小时的语音服务，真正做到全环节、全流程、全方位语音操作，从而主动为用户提供个性化服务，实现金融场景服务升级，该产品已于 2018 年 9 月发布。另外，国元证券还联合中国科学技术大学的科研团队，共建了“数据分析实验室”，利用大数据、金融建模等技术开发了“金数据”系列产品，为客户提供个性化资讯服务、个性化 KPM 基础服务，预测流失客户、挖掘双融和资管等目标客户，包括资讯适配、KPM 系统等。相关成果已经成功申报了三项科技研发专利，“金数据”项目获评 2017 年安徽省科技进步三等奖，是唯一入围该项奖项的金融类项目。

### （二）华安证券

华安证券自 2014 年以来积极布局移动互联网，原因一是随着 80 后、90 后客户的崛起，对移动互联网及多元化投资的需求越来越旺盛；原因二是近年来大数据、人工智能的快速发展，计算处理能力的提升和相关算法模型的进步，让公司能更好洞察客户、服务客户，建设围绕客户全投资生命周期的智能投资服务平台。

华安证券发展金融科技之路是“两条腿走路”，一方面，按照“轻型化、综合化、平台化”原则加强线下网点建设，增加华安品牌的辨识度，在考核导向上引导营业部在业务深度方面挖掘潜力，通过集约化经营和标准化管理来释放分支机构的生产力，加强总部层面多元化产品、专业性服务的支持力度；另一方面，总部层面加强金融科技的投入，建设了移动品牌“徽赢 APP”，全面推进线上化、数字化工作，拿到了人工智能的入场券。公司正在建设定位于围绕客户的全投资生命周期、基于大数据和人工智能算法的智能投资服务平台，在客户的投资前、中、后不同时点提供针对性的高效智能金融服务，帮助投资者更深入地洞察市场，以更“智慧”的方法应对复杂的资本市场环境。

基于“徽赢 APP”平台，华安证券重点建设智能化投资服务平台，实现为客户赋能与后台“智慧运营”；通过数据分析完善客户画像，通过算法模型和机器学习优化匹配引擎，为客户提供智能化的资讯、投资和理财服务；同时利用大数据技术，为营业部网点的精准营销提供数据和平台支持。并在 2018 年 8 月成功发布“赢・智能”系列产品，该产品是基于徽赢平台重点打造的智能投资服务系统，推出的四大智能工具成为大众的聚焦点。新上线的客户画像是基于客户交易数据、资产数据和行为数据的大数据分析，根据 167 个精准标签体系分析客户的投资特征，从仓位控制、日内择时、止盈止损等十大模块剖析投资业绩，让客户更加了解自己、改善投资；持仓诊断功能从仓位控制、行业配置、风格配置、风险波动及个股配置五大策略出发，提供独一无二的 A 股持仓分析报告，帮助客户“对症下药”；智能诊股从公司财务、个短期走势、估值水平、行业水平、机构观点五大维度透析个股，有效测评股票内在投资价值及市场价值，方便投资者挖掘投资机会；智能客服为客户提供线上化的沟通方式，用语音输入解放双手，还可进行股票行情查询，在业务办理、人工客服之间无缝跳转，另外生动有趣的“赢宝”机器人形象让客户拥有更加亲切的沟通体验。

## 第三节 金融科技在保险业中的应用

随着我国经济的快速发展，保险业也呈现快速发展的态势。与此同时，在金融科技的助推下，特别是随着移动互联、大数据、云计算、人工智能、区块链、基因工程、物联网等相关技术逐步渗透到保险经营的各个领域，互联网保险异军突起，实现爆发式增长。

保险所具有的社会性、低频性、复杂性等不同于其他金融产品的特征，使保险行业对金融科技的需求更加迫切，而金融科技与保险行业特点的高度契合，有效推动了金融科技在保险领域的积极探索、研究与落地应用。因此，金融科技对保险行业，特别是互联网保险的助推作用尤为明显，形成了相互融合、相关推动、相互促进的良好发展态势。一方面，金融科技推动数据和技术的创新、开发与应用，并将其广泛渗透应用到包括产品研发、承保管理、销售辅助、核保理赔、风险管控、客户服务、运营管理等在内的保险经营流程的各个价值环节，不断适应和发掘市场新的需要，不断研发新的保险产品，不断开创新的运营管理机制，不断开拓新的业务领域，不断培育新的行业增长点，实现从保险产品、营销方式、客户服务到经营理念、组织形式、管理技术等领域的全面创新，进而使保险行业降低运营成本，提升运营效率，强化风控能力，更新服务体验，有效改善了保险行业的市场环境，实现了保险生态的整体跃迁，助力行业转型升级与创新发展，使保险客户的获得感、幸福感、安全感更加充实、更有保障、更可持续。另一方面，保险领域积极利用金融科技，开展创新探索与应用，并取得了卓有成效的实施效果，成为一个独具特色的金融科技落地实践的创新高地，并反作用于金融科技领域，对金融科技进一步的创新发展形成巨大的反推作用，加速金融科技的创新与实践。

### 一、保险信息化建设的发展历程

#### （一）电算化阶段

我国保险业自恢复以来，在相当长的一个时期内，基本停留在业务处理的手工和纸质阶段。信息技术经历了从 PC 机到服务器，再到小型机的发展，核保出单、续期收费、理赔处理等业务以及办公自动化软件应用逐渐增多，逐步实现了以县、市为中心的会计电算化，办公信息系统逐步建立。但是，此时所建信息系统相互之间的关联性较弱，特别是保险集团公司内部各子公司以及总公司与分公司之间的信息共享程度不高。

#### （二）系统流程再造与数据集中阶段

随着信息网络技术的快速发展，以及“以客户为中心”经营理念的逐步形成，保险业信息化建设逐步深入，保险业务经营逐步向精细化方向发展，逐步建立起以服务为核心的“全险种、全流程”核心业务系统，不断完善业务流程，整合业务管理系统，实现流程再造，提升运营效率。同时，保险业数据集中化管理步伐逐步加快，进一步完善了信息共享机制，并在数据大集中的基础上，利用数据仓库和商业智能技术，开展数据挖掘和深度应用，积极挖掘商业价值，基于数据分析的产品创新与服务创新不断涌现，客户关系管理系统、电话营销系统、电子商务系统等依托于数据资产的信息化应用趋势日益明显，保险业信息化逐渐由后台走向前台，逐步成为保险业创新驱动的重要组成部分，在保险经营管理中承担起愈加重要的角色和作用。

### （三）IT 业务融合创新阶段

随着移动互联、物联网、云计算等新兴技术的成熟，加之银保监会相关政策对保险行业信息化建设的支持和推动，保险企业信息化建设投入不断加大，对核心运营系统平台进行重构、整合和改造，开展新一代业务核心系统建设工作，逐步建立起覆盖保险业务经营管理各个领域和环节的应用系统，使系统整合和协同效应日益凸显。保险公司数据资产理念逐步加深，数据中心管理模式盛行，逐步建立了较为完备的保险数据体系和网络体系，数据挖提和数据资产利用能力进一步增强，数据资产的潜在价值得到进一步有效挖掘与应用。保险企业灾难备份的意识不断增强，建成一批灾备中心。同时，移动互联的快速发展和保险市场的日趋成熟，对保险公司的市场反应速度和需求满足能力提出了更高的要求，从经营理念、战略规划方面到保险价值链整合、行动落地方面，IT 与保险业务融合呈现加深、加快的节奏，保险公司不断创新灵活性 IT 架构，以支持快速适应市场和业务的灵活变化，并支持和引导保险服务创新，互联网保险应运而生，并且成长迅速、发展迅猛，成为 IT 与保险相结合的里程碑式产物，IT 与保险业务相互融合、相互促进、协同创新，实现协调发展。

## 二、保险信息化建设中的问题与挑战

### （一）信息化治理水平总体不高

一是信息化建设资金投入和人才储备相对偏低。我国保险业的信息化建设一直滞后于保险业务的发展。在信息人才储备方面，我国保险业也严重不足，保险业 IT 人员在行业职工中所占比例不到 10%，而发达国家保险公司的这一比例高达 20%～30%。二是保险公司信息化建设水平参差不齐，部分保险公司尚未建立起较为科学合理的信息治理结构，信息化治理体系尚不完备，信息化建设规划性不强，信息系统整合和协同效应相对较弱，削弱了信息化处理的效率优势。

### （二）网络安全挑战

一是网络信息安全。信息资源公开与共享成为信息化时代的重要特征，这对保险业提供高效、便捷的保险服务至关重要，但同时数据的公开以及技术的相对不成熟，使客户隐私信息被泄露、窃取、篡改、假冒、贩卖甚至恶意破坏的情况屡有发生。二是网络交易安全。互联网保险的快速发展，使保险的网络交易规模剧增，网络交易安全问题也日益突出，特别是交易合同的真实性与法律效应、交易行为的真实性、资金及账户的安全等问题，成为网络交易关注的重点。三是网络系统安全。电子商务平台的可用性和安全性，特别是计算机与网络本身的安全性，是互联网保险正常健康运营的基础和前提。计算机系统故障、黑客攻击和计算机病毒传递等，都有可能引发网络系统安全，甚至导致系统崩溃，给相关方带来巨大损失。

### （三）信息标准化问题

信息标准化的缺失是我国保险信息化建设进程中重要的技术性制约。保险业信息的标准化，是保险行业信息交换和业务交易往来，基础、业务、管理、信息技术等各类信息系统建设，以及整个保险行业信息共享、交换与应用的重要前提和基础，是信息化建设有效支撑现代保险服务业构建、有效提升保险服务质量、能力和水平的“硬约束”。只有将保险信息标准化建设真正落到实处，推动建立统一的数据标准、技术标准和接口标准，“以客户为中心”的信息系统平台整合改造才有基础，才能为推动保险数据资产的深层次应用创造条件，才能真正推动保险行业内外部的信息共享与应用，才能不断提高保险信息化的质量和水平，真正服务提升保险业核心竞争力，创造社会价值。

### （四）监管的难题与挑战

一是非现场化监管的挑战。互联网保险的承保、理赔等交易以及相关服务流程和环节都在网络上进行，线上的无纸化交易使现场监管的有效性大大降低，对信息化监管手段提出了更高的要求。二是保险跨行业、跨领域经营带来的挑战。信息科技，尤其是金融科技的快速发展，使保险经营特别是互联网保险经营过程中，逐渐形成了包括保险企业、保险中介、互联网平台、银行、证券等保险行业内外部主体在内的虚拟企业联盟，跨行业、跨地域、跨领域经营成为常态，与时俱进，强化部门间的沟通与协作，成为信息化时代保险监管无法回避的实施路径。三是监管立法完善的挑战。金融科技模糊了行业边界，带来诸多商业模式的变革，推动保险行业的快速发展，同时也给监管立法带来诸多挑战，如何在鼓励创新、激发行业创新创业活力的同时，不断推动立法完善，维护良好的市场秩序，成为保险监管的一个重要课题。

## 三、保险生态主体金融科技发展现状

金融科技在保险行业的探索应用和快速发展，革新了传统保险行业的经营管理理念，激发了潜在的保险市场需求，重塑了保险经营价值链，培育了开放共赢的保险生态系统。在这个生态系统中，包括保险企业、保险中介机构、金融科技创新机构、保险行业基础资源服务机构、保险行业监管机构等在内的保险行业内外多方主体共同参与，相互融合，相互影响，相互促进，互利共赢，推动保险从单一的产品属性向金融工具延伸，推动保险向场景化、平台化、生态化方向进化，推动保险行业向提供无缝衔接、生态系统性的解决方案转变。

### （一）保险企业

我国保险企业的科技创新与应用，分为自内而外和自外而内两种路径。一是传统的保险企业积极求变，主动出击，顺势而为，积极与互联网企业开展合作与对接，鼓励和支持开展自主创新和内部创业，进行信息科技的相关探索与创新，以期改良保险经营，适应金融科技发展浪潮，是科技创新的重要力量。二是互联网保险企业，特别是有互联网科技企业积极入主甚至对企业经营管理具有战略性影响的互联网保险企业，生来具备科技的身份和标签，基于互联网的基因、思维和理念，开展金融科技创新和公司运营与治理，成为当前金融科技应用与创新的急先锋和探路者。

### （二）保险中介机构

信息科技的快速发展，为信息对称、沟通便捷、服务改善等奠定了技术基础，也为保险中介的创新变革创造了条件。当前，保险中介行业分化和转型逐步深化，如何借助金融科技，加强线上线下服务联动、提升客户的服务体验和黏着度、树立自身在保险中介领域的专业优势和技术优势，成为保险中介机构转型与蜕变的首要选择。基于金融科技的创新与应用，保险中介机构充分发挥科技的价值，更好地实现“三个连接”，从而使保险服务更易得、更及时、更高效、更直观。一是连接C端用户的差异化风险与需求，提供定制化的综合服务方案。二是连接保险公司的产品和服务供给，提供符合前端市场需求的产品、运营和技术支持。三是连接垂直细分领域产业链中的上下游企业，借助保险打通产业各环节，实现真正闭环，最大限度地发挥保险的社会服务和价值创造作用。

### （三）金融科技创新机构

一是互联网科技公司。无论是传统的信息技术公司还是初创的互联网科技公司，都非常重视金融科技的发展前景，对保险行业科技创新给予了极大关注和投入。二是第三方保险服务创新平台。这些创新平台多为在金融科技快速发展背景下涌现出来的初创企业，主要围绕“以技术促服务”，通过技术运用与创新，充分连接用户与保险企业，有效拓展保险服务外延，破解不同保险场景中存在的风险和痛点，为用户或保险企业提供“保险＋服务”的整体解决方案。三是相互保险组织与网络互助平台。安全和信任，是限制相互保险组织发展的两个核心瓶颈。云计算、区块链等创新科技为相互保险的发展提供了技术可行性和实施路径，因而也成为金融科技领域创新应用中的一个独特亮点。

### （四）保险行业基础资源服务机构

保险行业协会、保险学会、精算师协会、保险保障基金等行业组织，积极融入科技创新发展大潮，发挥基础资源服务平台的作用，助力金融科技的创新应用与发展。例如，中国保险信息技术管理有限责任公司作为保险行业的公共基础设施和综合性服务平台，通过行业信息共享平台的信息应用和整合，积极发挥“大数据”公司的优势，充分挖掘信息数据资产价值，重组和优化业务流程与组织结构，实现资源的合理配置和高效应用，有效提升保险企业的整体运营效能，提高保险企业的风险防范能力，推动建立保险消费者利益保护长效机制。

## 四、金融科技在保险业中的应用现状

移动互联和物联网紧密连接信息化系统和用户终端设备，提高了保险服务的触达能力和便捷性；大数据提供更为高级专业的数据分析和数据挖掘方式，提升保险行业风险管控与业务驱动能力；云计算为保险行业搭建更为完善的互动平台和数据管理模式，改善保险行业成本与效率；区块链提供了基于保单和用户的流程管理技术实现新路径，优化互联网保险服务的可靠性、安全性和效率性；人工智能推动保险行业向数字化、自动化和智能化方向转变，促使互联网保险更加个性化、更可获得、更有温度。从行业发展的角度来看，金融科技主要在三个层面给保险行业带来深刻变革，即表层产品创新和销售渠道变革、中层业务和运营模式变革，以及底层架构和经营理念变革。

### （一）表层产品创新和销售渠道变革

保险产品和销售渠道，是保险经营管理过程中最前置的环节，最贴近市场，是真正的客户界面，对市场变化和反馈的反应最为直观、深刻和及时。因此，金融科技在保险行业最先获得应用落地的领域，就是保险产品创新和销售渠道。在金融科技，特别是大数据、云计算、区块链和人工智能等技术的推动下，网络比价平台、直销网站、APP、跨渠道动态营销等新式销售与营销模式不断涌现，保险产品创新不断，向个性化、差异化、定制化、场景化方向转变，更好地契合市场需求，提升客户体验。

从保险的销售渠道来看，金融科技的快速发展，使“以客户为中心”的理念逐步深化，客户需求成为保险营销管理和服务改善的核心参考依据，推动保险行业从以保险产品为主导的营销模式逐渐向以客户需求为核心的营销模式转变。需要保险从业者借助大数据技术开展精准营销，基于区块链技术开展保险产品在线分销，基于人工智能技术开展销售辅助。

从保险产品创新来看，金融科技真正改变了保险产品的研发和定价模式，保险产品研发与创新逐步由企业内部驱动向市场需求驱动转变，保险产品定价逐步由更加关注改进精算模型向更加关注丰富数据维度和深度转变，通过物联网、大数据、云计算、人工智能等技术，实现保险产品的个性化和保险定价的准确性，包括基于大数据和人工智能的保险产品创新场景化、定制化与智能化和基于大数据和云计算的保险定价动态化、差异化与精确化。大数据的积累与分析、数据挖掘、物联网、人工智能、云平台、机器算法等新技术的应用，能够促进保险公司更深入地洞察用户需求，为客户量身定制金融产品和服务并按需提取和分析用户与交易数据；实时计算，提供更精准的风险管控方案和定价模型，评估和防控风险，进而实现保险产品精准定价和动态定价。

### （二）中层业务和运营模式变革

金融科技深入渗透到保险经营价值链的每个环节，将公司企业的数字化与业务战略紧密结合，通过对数字资产、客户资源、管理系统等进行有效整合、改良、完善和利用，解决行业痛点和难点，实现保险行业业务和运营管式的优化与升级，助推保险企业的承保核保、定损理赔、客户服务、风控欺诈等管理模式的创新变革取得实效。

在承保核保管理方面，承保与核保是保险业务风险管控的两道关键“控制阀”，对于分辨好前端、管控好后端至关重要，在整个保险业务经营中占有举足轻重的地位。通过计算机语言以自动化、智能化的形式对保险业务的风险进行分辨、判断与管理。金融科技，特别是人工智能技术的发展及运用，为保险业务的承保与核保开拓了新的技术实现路径，在实际应用过程中均取得了不错的效果。一是建立基于人工智能的承保系统。依托智能承保系统，保险企业根据不同保险产品的特点与要求，对不同保险产品的承保条件分别设置对应的承保选择规则。二是建立基于人工智能的核保系统。人工智能的效能发挥基于大量有效的基础数据和专门化的训练，数据越全面、越丰富，训练越专业、越多维，人工智能的学习能力就越能得到深层次的挖掘和发挥，其潜在效能也越能得到有效激发。

在定损理赔模式方面，物联网、图像识别、人工智能、区块链、深度学习等新技术的发展与应用为保险经营的定损和理赔革新提供了强有力的技术支撑，推动移动互联时代的保险定损和理赔模式发生革命性变化。一是基于图像识别的智能化保险定损。传统极速理赔的一般程序包括接调度、确认保险标的、现场查勘取证、人工定损、确定维修方案和金额、用户确认、赔付七个环节。基于图像识别的保险定损需要用户上传证件照和保险标的出险现场照片、图像定损、用户确认、赔付四个环节即可完成。二是基于人工智能的数字化核赔理赔新模式。利用人工智能技术，在大数据和高级算法的基础上，结合保险理赔管理的规则引擎，对理赔案件，尤其是小额、高频、碎片化的互联网保险产品的理赔案件，进行智能审核、校验和处理。三是基于区块链的网络互助保险和公益保险自动化分摊。借助区块链技术，尤其是智能合约，在相互保险组织领域的应用，能够实现保险合同在分布式系统下损失分摊的自动和自主执行。

在客户服务管理方面，作为极具人性关怀的服务行业，客户服务对于保险业至关重要，客户服务管理水平的高低，不仅影响保险行业的业务发展，而且事关保险业的责任使命。移动互联时代，保险行业进入“数据为生、客户为先、服务为王”的新时期，而金融科技的发展与应用，为保险业客户服务管理水平的改善提供了技术实现路径，对于促进客户服务管理模式变革、改善客户服务体验意义重大。一是基于大数据的差异化服务。依托大数据技术，保险业可以采用数据全量分析模式，对客户数据进行深入挖掘与分析，实时了解和捕捉客户的保险需求，并以科学的方法对客户的保险需求进行分群，挖掘开发有潜在保险需求的客户，以及潜在客户的保险产品需求，并将相应的分析结果推送给销售前端，通过合适的销售渠道或销售人员，将满足客户需求的保险产品以客户愿意接受的方式推荐给客户，或者有针对性地向客户提供个性化的增值服务，提升客户体验，提高保险销售能力。二是基于人工智能的智能客服。基于人脸识别、高级算法等新技术，智能客服可以准确捕捉客户需求，实现拟人化的人机交互，为客户提供更加耐心、更加专业、更加愉悦的服务建议和解决方案，在实现客户服务网络化和自助化的同时，大幅改善了保险与客户接触界面的友好性与和谐性，有效提升了保险公司的运营效率、管理水平与客户满意度，极大地降低了保险公司的人力成本、管理成本和培训成本。三是基于区块链的客户关系管理。基于互联网，特别是移动互联技术，任何证件、实物或无形资产、私人记录、证明，甚至公共记录都可迁移到区块链上，形成“数字身份证”。基于区块链的菜单式的保单与客户管理，实现了保单信息与客户信息的界面统一，实现了不分入口的客户信息的及时准确识别与管理，使保险业客户关系管理更加安全、更加高效、更加人性化。

在风控反欺诈方面，保险业是经营和管理风险的行业。做好风险的管理和控制，既是保险业经营的必然需要，也是保险业独特竞争力的体现。尤其是几乎与保险经营相伴而生的保险欺诈问题，不仅给保险企业的经营管理带来极大困扰，而且扰乱了保险市场秩序，给保险行业带来巨大的经济损失，并最终转嫁到保险消费者身上，加重了保险消费者的负担，严重侵害了消费者的合法权益。包括大数据、人工智能、区块链、生物技术等在内的金融科技，为保险业的风险管控，特别是反欺诈问题的解决带来了新的实现可能。

一是基于大数据和人工智能的保险反欺诈。随着金融科技的快速发展与产业化应用，特别是大数据、人工智能等新技术逐步成熟并投入商用，再加上保险业的海量数据积累，为保险业反欺诈工作带来了新机遇与新路径。二是基于区块链的风险管理与合规管理。由于自身独特的技术特性和优势，区块链技术与保险行业的风险管控和合规管理具有天然的契合性，特别是区块链对跟踪、保证和监督保险经营流程中人员、合同等相关信息的真实客观的记录与执行实施，具有其他技术或工具无可比拟的天然优势。

### （三）底层架构和经营理念变革

金融科技通过将创新科技优势与保险行业痛点有效结合，逐步实现了保险销售的场景化、交易的自动化、客户服务的人性化、理赔管理的智能化以及费用投放的高转化，极大地提升了保险业的运营效率，改善了客户体验。但是，金融科技给保险业带来的更为深入的影响和变革，在于对保险业运营底层架构的影响，以及对保险业经营管理理念的深刻变革。

传统的保险公司运营，基于多层级的总分架构，重资产，高投入，通过大量的网点铺设、高比例的渠道成本以及高企的 IT 建设投入，驱动保险公司做大规模。这种重资产的发展模式，不仅提高了保险公司的运营成本，而且给公司适应移动互联网时代的快速变革和市场化进程带来巨大压力。金融科技的有效运用，为保险公司运营，特别是底层架构建设带来革命性变化，为保险公司，特别是互联网保险公司重科技、分布式、轻资产、强服务的新型运营模式提供了强力的技术支撑，极大地提高了保险公司的资产流动性，有效提升了保险公司的核心运营能力。金融科技对保险业底层架构与运营模式的变革，在推动保险行业实现全面效率提升、深层价值挖掘以及生态外延扩的同时，也为保险业的经营理念变革注入了强大活力，推动保险业改变旧有思维，打破旧有模式，大胆进行改革与创新，推动行业再造。

## 五、安徽省主要保险公司金融科技应用现状

与商业银行和证券公司类似，保险公司在金融科技的开发和应用方面也主要依赖集团总公司的研发团队和技术力量。国元农业保险公司是安徽总部设在省内、规模最大的保险公司，也是安徽省金融科技开发应用的主要力量。国元农业保险公司重视金融科技的开发和应用，投入大量资源开发的 GIS 人工智能系统在行业内获取广泛的认可。

2011 年，国元保险公司启动基于 GIS 的人工智能系统的自主开发，财政部为此项目投入了 500 万元专项启动资金。2012 年，国元保险建成 GIS 决策系统并成立了 GIS 应急指挥中心。该系统是全国首套基于 GIS 的人工智能决策系统，在 2014 年被评为“徽商杯”安徽省信息化十件大事之一。该系统建设之初就考虑到如何把 GIS 的相关人工智能技术与农业保险工作相结合。其创新之处在于把 GIS 技术连接到农业保险的各个环节中去，实现了承保、理赔等环节的精确监控，使得原有农业保险粗线条管理变为精细化管控。并将产生的历史数据进行积累和分析，建立数据模型，以便于后续精算、分析和决策使用。该系统分为两个部分，一是宏观层面，二是微观层面。在宏观层面，可以将积累的数据与其他数据如气象数据等相结合，生成相关的数据模型，从而可以反映各地理区域的灾害情况和理赔情况，为农业保险区域差异化经营、费率厘定、防灾减损等提供相应的依据。在微观层面，GIS 系统

紧密结合农业保险的各个环节，从投保开始到理赔，运用计算机视觉技术，实现从风险查勘、标的位置锁定到灾害后灾损面积确定、灾损情况统计等各项功能，从而在一定程度上不仅减轻了承保和理赔时工作人员的工作量，也能提高保险的精准化控制。

目前农业保险地理信息系统已经充分运用于公司灾前分析、灾中预警、灾后损失管理的完整环节之中。系统对灾前分析主要体现在两块：一是农户和标的的管理，二是投保风险查勘。建立包括大户在内的所有农户的电子档案信息，并依据每个农户的信息，确定农户标的的位置，从而实现对农户信息的有效管理。在农户投保之前，对农户将要投保的田块信息进行风险查勘，包括核对田块标的位置、投保作物品种的确定、历史灾害和理赔情况的查询、农户签字确认等，从而确保投保标的的数据准确和完整。系统在灾中预警里发挥的功能主要是结合天气气象数据、卫星数据、无人机数据、地理高程数据等，利用灾害数据模型对天气演变情况进行历史演进和推演，并对推演的结果进行分析和预警。特别是当天气情况出现异常时，可结合实时数据和推演数据，将相关信息推送到投保农户和公司相关人员的手机中进行提醒。关于系统运用于灾后损失管理，主要是依据精确查勘和精确定损的原理，进行灾后损失的统计。针对大范围的自然灾害，利用遥感数据或无人机数据等，通过系统和人工相结合的方式，进行精确抽样查勘定损，从而避免盲目查勘定损的情况出现，减轻了查勘人员的工作量。通过科学的方式查勘，可以快速和准确地生成受灾地区灾损情况统计，实现快速理赔。

## 第四节　发展展望

科技金融在金融机构经营管理的重要价值得到了行业的广泛认同，省内商业银行、券商和保险公司积极探索金融科技的开发和应用，在产品的开发和应用方面已经取得了初步成效，未来还需要关注以下几个方面。

### 一、借助外部科技力量

安徽是教育大省，拥有诸多知名的科研机构，而科大讯飞等企业在人工智能等领域具有全球领先的技术优势和强大的技术开发团队，在金融科技领域的基础非常扎实。可相比较于全国性金融机构，省内金融机构规模较小，普遍存在研发力量薄弱、技术储备不足等问题，完全依靠自身力量创新和开发金融科技产品难度较大，开发周期也往往较长，无法满足快速变化的市场需求。省内金融机构应当更多地借助外部技术力量，加强产学研结合，主动拥抱具有技术优势的组织机构，通过外包、外协、合作、咨询等方式获取外部技术支持，迅速补齐技术短板、突破技术瓶颈，加快金融科技的应用和创新速度。此外，借助外部技术力量可以分担金融机构的技术开发压力，降低金融科技的应用和开发成本，使得金融机构自己的研发队伍能够将更多的资源和注意力集中在问题发现和市场需求的把握上，提高金融服务和产品研发的成功率。

## 二、加强信息安全管理

金融业信息化程度不断提高，对安徽省金融业改革、发展、壮大发挥了重要的促进作用。同时，金融业对信息技术的依赖程度越来越大，信息安全保障工作的难度也不断加大，互联网应用又进一步加大了信息安全风险的扩散效应。尤其是金融科技的迅猛发展带来了金融行业的快速发展和激烈竞争，金融机构的焦虑感不断加强，寻求各种途径和方式加快金融科技的应用与开发，带来了新的金融风险。亟待建立一套金融信息安全保障体系，有效地防范和化解安全风险，统一安全问题处理规范和流程，增强金融系统的信息安全整体防范能力，以保证金融机构的信息系统平稳运行及各项业务的持续展开。其中关键之一是要规范金融数据的流通和操作规范，从底层设计出发，严格限制金融数据自下而上地流动，杜绝数据自上而下地流动。另外，在引入外部技术力量的时候还需要制定严格的信息保密规定和协议，防止金融信息被违规利用或者通过第三方途径发生泄露。

## 三、聚焦痛点创新产品

省内金融机构在金融科技的开发应用上已经取得了一系列成果，其金融科技含量也处于较高水平，但其中大多数是跟随金融机构总部的成熟成果，针对安徽省自身金融发展过程的痛点、难点开发的创新型产品较少。未来安徽省内传统金融机构应该更多地根据安徽省金融行业的特点，避开与大型金融机构的直接竞争，聚焦其无法覆盖的长尾客户群，发掘分领域的痛点问题，创新产品结果，利用金融科技手段形成自身独特的竞争优势。

# 第八章 金融科技在金融监管和普惠金融中的应用

大数据、人工智能、区块链和云计算等新技术加快了金融产品和业务的创新与发展，支持金融产业成为当前我国发展最快的行业之一，帮助金融业走向经济社会发展舞台的中央。但是，习近平总书记在十九大报告中明确指出，金融业本质上是服务业，金融业的发展要服务于实体经济和社会稳定，未来金融行业的发展必须要融入更多的社会责任。做好金融监管工作，守住不发生系统性金融风险是底线，同时还要积极履行社会责任，做好国家普惠政策的执行者。

## 第一节 科技赋能金融监管

国际金融协会（Institute of International Finance，IIF）认为金融科技将是指导新时代金融监管工作的核心能量，二者的结合点就是监管科技。监管科技定义为“能够高效和有效解决监管和合规性要求的新技术”，这些新技术主要包括机器学习、人工智能、区块链、生物识别技术、数字加密技术、云计算等。英国金融行为监管局（FCA）则认为，监管科技是金融科技的一部分，主要关注“如何运用科学技术更有效地满足监管要求”，监管科技不仅被看作一种满足监管要求的工具，还有可能引发监管模式和理念的转变。中国人民银行的杜宁等将监管科技定义为：辅助被监管机构提升合规效率和降低合规成本，同时辅助监管机构提升风险监测识别效率和降低监管工作量的技术应用解决方案的统称。

从上面的定义可以看出，监管科技的本质是采用先进的金融科技手段，在被监管机构与监管机构之间建立一个可信、可持续、可执行的监管协议、合规性评估和评审机制。它具有三个特点：一是敏捷，能对错综复杂的数据组进行快速分解和组合；二是高效，能及时生成报告与解决方案；三是集成，即共享多个监管的数据结构，并对多项监管规定的众多要求形成统一的合规标准。

### 一、监管科技的技术基础

#### （一）大数据技术

大数据指无法在一定时间范围内用常规软件工具进行捕捉、管理和处理的数据集合，是需要新模式处理才能具有更强的决策力、洞察发现力和流程优化能力的海量、高增长率和多样化的信息资产。简单来说，大数据技术就是处理与分析大数据的方法、技术和工具。金融大数据监管是监管科技的重要内容，它以动态、实时、互动的方式，通过金融大数据对金融系统内的行为和其潜在风险进行系统性和前瞻性的监管。金融大数据监管使得以属地、业务、机构等为导向的监管逐渐弱化，监管将更多地针对数据及数据背后所代表的行为。大数据在有效分析和呈现工具的帮助下，不仅能让监管者迅速观察到已经和正在发生的事件，更能让其预测到即将发生的风险和这种风险发生的概率，更有利于监管者动态配置监管资源。

### （二）机器学习与人工智能

机器学习指机器通过分析大量数据来进行学习，是一种重在寻找数据中的模式并使用这些模式来做出预测的研究和算法的门类。基于机器学习的数据挖掘算法可以组织和分析大量数据，包括非结构化和低质量的数据，还可以为压力测试所需的数据分析和建模创建自我完善的方法。在监管科技应用中，面对海量的高频率和低质量金融数据，监管机构和金融机构迫切需要强有力的分析工具，而机器学习基于人工智能和其他自动化分析的技术，为金融机构和监管层利用数据满足合规要求和实施监管提供了巨大的可能性。例如在识别欺诈方面，在历史数据基础上，机器学习工具能有效识别可能的欺诈行为，同时也能应用于反洗钱和反恐融资领域；交易监测方面，机器学习提升了对语言和文本的处理能力，一旦有偏离合规要求的交易行为，系统将自动向金融机构发出警报，更有效地帮助金融机构满足合规要求。

### （三）区块链技术

区块链是一种分布式共识系统，可以快速通过加密、计算能力和网络用户快速验证和维护安全交易，从而实现去中心化的需求。区块链和其他分布式总账可能在未来允许金融机构之间开发更有效的交易平台、支付系统和信息共享机制。特别与生物识别技术结合时，数字身份可以提供及时、低成本和可靠的“了解你的客户”（KYC）检查。另外，区块链通过透明的设计，能提供给监管机构直接、即时和完全透明的监管信息。由于所有交易都记录在分布式总账上，监管机构可以进行全面、安全、精确、不可逆和永久的审计跟踪。区块链技术带来的这种近乎实时的交易数据使得监管者能够更好地分析系统性风险，提高现场检查和非现场检查的效率。

### （四）应用程序编程接口

应用程序编程接口（APIs）提供应用程序与开发人员以访问一组例程的能力，无须访问源码，或理解内部工作机制的细节，允许互操作性的其他系统，确保不同的软件程序可以彼此通信。应用程序编程接口给软件应用程序提供了一个金融数据交互标准，而且还可以执行请求交易。随着金融机构和监管机构开放、分享应用程序接口和公共数据，监管报告和检查、反洗钱可疑活动监测、支付欺诈监测将会变得更加高效。将各种监管政策、规定和合规性要求进行数字化，具备“可编程”的要求，监管机构为金融机构提供各种监管的 API，方便金融机构能够对其内部流程、数据编程，并通过 API 统一的协议交换数据和生成报告。

### （五）新加密技术

新兴的信息加密技术允许个人根据访问授权提供相关的加密信息，通过属性、对象和访问类型标记元数据，从而大量减少了对原始数据的处理工作，更高效实现信息披露。新加密技术通过访问控制将数据对象映射到普通数据平台，帮助金融机构克服数据安全问题，使得数据能与监管机构共享。加密技术的改进使金融机构内部能更加安全、快速、高效地共享数据，最显著的是更有效的风险数据聚合过程。与其他金融机构、客户和监管的数据共享同样可以受益。新兴的加密安全技术可以在保护隐私和确保数据安全性和完整性的基础上实现信息共享，同时提高金融机构向监管机构披露信息的效率。

## 二、监管科技的应用领域

近年来国内外金融机构和监管部门纷纷加大监管科技的应用探索，监管科技的应用领域不断扩展和细分，应用的场景越来越丰富，见表 8－1 所列。

表 8－1　监管科技的应用场景

| | |
|---|---|
| 企业风险管理 | 通过监控预警能力，降低和防范企业整体风险，防范来自多领域的风险攻击，如欺诈风险 |
| 反洗钱 | 防止银行遭受非法洗钱活动 |
| 了解你的客户（KYC） | 验证客户或人员的身份信息 |
| 运营风险管理 | 提升企业日常营运风险管理能力，如治理、风险事件识别、问题追踪 |
| 投资组合管理 | 评估和监测投资组合的健全状况，如对金融服务公司施以风险压力测试 |
| 量化分析 | 通过风险模型的量化来分析并管理信用、市场及流动性风险 |
| 归档与报告 | 自动执行定期和临时报告并集中维护未来报告所要求的信息 |
| 交易监控 | 监控人员异常行为，确保遵守贸易限制，限制客户进行未授权的交易活动 |
| 比特币 | 监控比特币区块链上的异常交易，追踪非法交易的来源并提供具有后续操作价值的情报 |
| 合规管理 | 针对内部监控政策和行业特定指南的合规性要求，提供合规管理系统工具 |

分析上面的监管科技应用场景，可以归纳出监管科技的应用的领域主要集中四个方面。

### （一）风险管理

风险管理中对各类风险指标归集于一个高质量的风险数据库，根据数据库中数据开展建模、情景分析、压力测试工作。因此，风险管理的水平在很大程度上依赖数据的准确性、完整性、可靠性。随着对数据的需求、要求的提升，风险数据库维护成本也相应增加，对数据运用能力也提出新的要求和挑战。大数据和人工智能技术可以提供更为智能化、自动化的数据收集、整理及分析工具，降低数据库成本，助力风险管理，帮助金融机构无缝对接监管政策，及时自测与核查经营行为，完成风险的主动识别与控制。

### （二）预防欺诈

通过对交易的实时监控发现非法活动，其中身份验证是反欺诈重要的一部分。利用生物识别技术（如指纹识别、虹膜识别等），可对客户进行审查和尽调；利用区块链技术，可加速 KYC 流程。这些技术还可加强防范腐败、洗钱等金融犯罪。

### （三）监管合规

在金融机构中，现有的识别和确定责任主体职责、义务、权利的过程十分复杂，需要很高的人力成本，在旧规则和新规则之间高效过渡也是一大难题。机器学习和云计算技术，使系统可以自觉追踪监管、合规要求的变化，并有针对性地提供应对方案、管理合规工作流程、构建数据报送平台、打通各类监管报表等，实现纸质报告流程的数字化，减少监管的人力支出及集中化满足监管要求，从而降低合规成本。

### （四）交易监控

实时交易监测一直以来存在监测数据质量低、一致性差等系统性问题，这为洗钱和非法活动提供了空间。监管科技在金融市场的交易中实现对保证金计算、对手方选择、敞口影响等任务的自动化，不仅能够提高交易效率，还能确保交易活动的合规性和透明度，并同时杜绝虚假交易和违规行为，更好地实现风险管理。

## 三、行业自律组织作用凸显

科技背景下的金融行业监管不仅有赖于政府和金融监管部门，还需要发挥行业协会的自律作用。我国金融市场中存在很多肩负行业特殊使命的行业协会，并且在市场自律方面已经开展了大量工作，对于规范金融市场服务行为、维护市场公平竞争起到了积极作用，中国基金业协会在私募基金市场对基金管理人及基金的备案登记即是典型例证。一方面，开展行业自律是行业协会的内在职能，相比较于政府和监管部门，行业协会的自律具有专业性、信息充分性、及时性和内在性的特征，其能够弥补传统监管部门在监管灵活性以及专业人才欠缺等方面的不足，是对传统金融监管体系的有益补充；另一方面，通过行业协会的自律行为，有利于形成具有一定竞争性的监管环境，属于自治组织的行业协会具有倡导集体行动的目标导向，诸如纠正政府监管中不合理的要求和规定，辅助制定有利于本行业的政策、制定对整个利益集团有约束力的行为规则及行业标准等。

### 专题 8－1 安徽省互联网金融协会的行业自律职能

安徽省互联网金融协会是按照中国人民银行等10部委联合发布的《关于促进互联网金融健康发展的指导意见》（银发〔2015〕221号）要求，经安徽省人民政府批准，由安徽省人民政府金融工作办公室、中国人民银行合肥中心支行会同原省银监局、省证监局、原省保监局等安徽省有关金融行业监管部门组织建立的省级互联网金融行业自律组织，是在安徽省依法登记注册的全省性非营利社会团体法人。协会成立于2016年，其宗旨是对安徽省互联网金融行业进行自律规范，为会员单位提供优质创新服务，维护会员的合法权益，维持互联网金融机构行业的正当竞争秩序，推动行业健康有序发展，为安徽省的经济转型升级做出积极贡献。

安徽省互联网金融协会自成立以来在安徽省互联网金融领域发挥了积极的行业自律作用。首先，安徽省互联网金融协会通过制定严格的会员准入标准，对省内所有互联网金融机构和开展互联网金融业务的传统金融机构进行持续性的跟踪筛查，制定了“观察员-会员”的分级准入和动态退出机制；其次，安徽省互联网金融协会在相关监管政策和法规的落地中扮演重要的角色，2016年以来以P2P为代表的互联网金融行业风险频出，国家监管政策和法规密集出台，协会积极组织会员学习、落实相关法律规定；再次，协会还搭建了专门的互联网金融信息报送平台，及时动态地掌握省内各机构互联网金融业务的开展情况，通过穿透式的监管和大数据分析工具，对金融风险进行及时的识别和预警；最后，协会还通过加强与省内高校和科研机构合作，积极引入外脑，借助中国科学技术大学、合肥工业大学、安徽大学、安徽财经大学等高校的专家力量，解决金融自律中的专业化问题。

## 四、安徽省监管科技的发展展望

作为中部内陆省份，安徽省金融科技发展较为落后，监管科技应用起步晚、基础薄弱，与沿海先进地区相比有较大的进步空间。对此，首先应关注顶层设计，即制定监管科技发展规划，构建监管科技管理政策体系及相关技术的标准体系。

### （一）明确监管科技的标准，探索建立符合安徽省金融现状的“监管沙盒”机制

借鉴FSB国际法人机构识别编码（LEI）体系经验，研究制定产品标准、代码、信息分类及数据格式等的统一标准，为实现实时穿透和在线监测打好基础。在此基础上，安徽省可以考虑学习借鉴国际和国内先进地区的“监管沙盒”的测试主体筛选、监管豁免、局部授权等经验，从单项的金融科技创新业务展开测试，进而对单个金融科技企业授权测试，最后逐步实现整个金融科技行业、金融市场及监管机构之间的良性互动，建立符合安徽省特色的“监管沙盒”。利用云计算、大数据、机器学习、人工智能等技术，建立数字化监管协议，让法律法规、政策等都能够翻译为“机器可读”，提高云计算、大数据和人工智能的应用水平。

### （二）明确行业准入标准，推动行业组织协助监管

科技背景下的金融行业发展不再局限于传统的金融领域，其中涉及科技公司、社交媒体、信息服务企业等，因而行业的监管范围大幅扩大，超越了持牌金融机构的传统监管范畴。事实上，安徽省已经陆续成立了一些行业自律组织，其中部分组织在行业自律和辅助监管中发挥着重要的作用，但大多数行业组织都只是处于探索阶段，监管部门需要推动各相关行业制订准入门槛，通过促进行业自律协助金融监管工作。

### （三）借助外脑，建立监管科技专家库

当代金融行业具有发展速度快、专业性强的显著特征，对监管部门的监管工作提出了很高的要求，尤其是专业人才的储备往往难以满足监管现实需求。相比较于不断通过人才的引进和培养来适应行业的快速变化，更好的做法是通过借助外部人才力量，建立金融监管专家

库。一方面可以借助安徽省的高校资源，邀请中国科学技术大学、合肥工业大学、安徽大学、安徽财经大学等高等院校的专家教授参与金融监管咨询工作；另一方面也可以通过融入金融业界专家，如徽商银行、安徽省农村信用社联合社、国元证券、华安证券等金融机构的资深从业者，了解行业的发展动态和可能的风险趋势。

## 第二节　科技助力金融普惠

我国金融行业起步较晚，尽管改革开放之后发展迅速，但仍然存在较为严重的发展不均衡的问题，沿海发达地区和内陆欠发达地区以及优质大型企业和小微企业在金融服务覆盖范围和深度存在明显的不均衡问题。早在 2013 年，我国政府就开始强调和推进普惠金融政策，努力打造一个能有效地、全方位地为人民群众，尤其是贫困、低收入人口提供服务的金融体系。从根本而言，传统金融机构在金融普惠中主要存在的问题是信息的不对称性，简单来说就是金融机构对小微企业和需要资金的个人的真实情况并不了解，因而难以为其提供相应的金融产品和服务。大数据、区块链、人工智能和云计算等金融科技的发展有助于解决这种金融不对称问题，实现金融普惠。

### 一、解决小微企业融资难

融资难问题一直是长期困扰我国小微企业的发展阻力，小微企业规模较小，人员较少，经营活动分散灵活，企业治理不健全，管理一人堂，财务管理不规范，产权股权不清晰，自身承受外部环境变化的能力较弱，市场议价能力弱，缺乏信用历史、可供抵押担保的资产以及规范化的财务信息，在资金需求方面又存在金额较小、需求较急、时间较短、次数频繁等特点。这些特点导致金融机构在服务小微企业时普遍存在信用评估难、贷款发放难、贷款门槛高的情况，同时小微企业在实际贷款需求的过程中也存在不愿面对金融机构的现象，虽然金融机构贷款利率相对较低，但是金融机构存在脸难看、事难办、效率不高等问题。借助大数据、人工智能、区块链、云计算等金融科技手段，有助于传统金融机构克服服务小微企业时存在的障碍，解决小微企业融资难问题。

#### （一）拓展信息渠道，构建大数据征信平台

小微企业和个人用户难以获得金融服务的一个重要的原因是信息不对称，当金融机构无法通过传统的信息渠道对他们的信用信息进行了解时，由于风险控制的需要就无法为其提供金融服务。解决该问题的一个有效方法是需要拓宽信息获取渠道，利用大数据技术对用户行为、社会和社交等信息进行分析，挖掘其中有价值的信息，进而对其信用情况进行科学合理的评价。只有金融机构能够了解和及时追踪用户信用信息时，才可能为其提供金融服务。

#### （二）降低业务门槛，满足中小客户需求

小微企业和个人用户的另一个重要的特征是其融资需求量往往较低、资金使用时间较短，而金融机构通过传统的业务流程和方式为其提供金融服务的成本较高，甚至超过了业务

带来的收益，这导致金融机构没有动力开拓小微企业和个人用户市场，形成了较高的融资门槛。而借助大数据和人工智能等技术手段，金融机构可以通过接入海量数据、引入数据挖掘工具、构建金融分析模型等方式建立智能决策系统，大幅缩减金融服务成本，降低融资门槛，为更多的中小客户提供金融服务。

## 二、降低实体经济融资成本

### （一）共享科技红利，降低资金使用成本

一方面，当信息不对称时，对于金融机构而言，小微企业和个人用户的金融风险很高，必须以更高利润率来覆盖存在坏账的可能，对小微企业要求更高的资金成本；另一方面，传统模式下金融机构自身的融资渠道相对单一，融资成本较高，难以为小微企业提供低成本的金融服务。通过大数据、人工智能和区块链技术的应用，金融机构不仅可以通过提高运作效率减少金融服务的成本，还可以降低金融机构的风险以及风险管理成本。此外，在金融科技的帮助下，金融服务的形式更加灵活，金融产品的供给者和需求者之间可以通过金融科技平台建立直接的联系，降低资金使用成本。

### （二）提高业务效率，降低金融时间成本

传统金融机构的业务办理大多要求客户前往现场办理所有的金融业务，而整个业务流程包含前期调研、信息分析和集体决策等环节，一项业务从申请办理到获批往往需要很长时间，用户需要付出高昂的时间成本。通过利用移动互联网、生物识别技术和云计算技术，越来越多的金融机构开始打造移动服务平台，大部分的金融业务可以实现一键办理和移动化办理，用户既不需要反复前往金融网点办理业务，也不需要为办理一项业务等到数周到数个月的时间，这能够大大降低用户使用金融服务的时间成本。

## 三、提供差异化的金融服务

过去金融机构所提出的传统金融服务和产品往往是批量开发的，存在种类较少、不够灵活的特点，很难满足小微企业个性化的金融需求。大数据和人工智能技术的应用能够准确识别小微企业的真实业务需求，而区块链和人工智能技术则可以帮助金融机构实现小微企业的资金需求，提供差异化的金融服务。首先，金融机构大数据、人工智能、人脸识别等新技术的运用极大地提高了服务对象识别、客户交易识别、客户财务情况分析等的准确度，甚至客户可能存在哪些风险趋势都可以精准识别，这为银行了解客户提供了很好的帮助，银行在对客户准确认知的情况下，提供金融服务就可以更有效。其次，当金融机构了解小微企业的真实需求后，可以借助金融科技手段提供个性化的产品，满足小微企业的融资需求。例如，小微企业在供应链过程中往往处于劣势地位，面临上下游核心企业的资金占用压力，而小微企业本身也因为资质较差等问题很难从金融机构获得金融服务。而金融机构可依托供应链平台，借助大数据和区块链技术，发挥批量获客和核心企业增信两大优势，以建筑、加工制造、医药、电力等链条长、资金聚集、交易频繁的行业为主，针对大客户核心成员企业开展专项营销。当前，一些产业链核心企业在研究搭建自身的产业链支付平台，将产业链上下游

企业引入平台，通过电子支付信息确认，减少线下票据传输，从而降低操作风险。平台常年累积的支付信息为商业银行提供了很好的识别客户、选择客户的渠道，通过银企合作，提供线上融资产品拓展普惠金融业务，利用核心企业信用，有效降低普惠金融客户的融资成本，解决客户痛点。在现有业务的基础上，还可进一步延长服务链条，探索将核心企业的供应链金融资产以资产证券化的方式打包出表，并将出表后的标准化资产与大客户的理财资金有效对接，形成供应链金融服务的资金闭环，实现核心企业与产业链普惠客户共赢。

## 专题 8-2　安徽银联商务借助金融科技服务个体商户

银联商务股份有限公司安徽分公司经中国人民银行合肥中心支行批准成立于 2004 年 3 月 10 日，为银联商务股份有限公司在安徽省设立的分支机构，由中国银联控股，是专门从事安徽省线下、互联网以及移动支付的综合支付与信息服务机构，是整个银联商务系统中最早拥抱互联网金融的公司之一。目前，安徽银联商务拥有员工 340 余人，已经实现了业务在省内各地市的全覆盖，县城覆盖率超过 70%，2018 年交易总额达到 6000 亿元，服务商务超过 800 万家。随着移动互联网技术的普及和支付宝、微信支付等新兴支付方式的迅速发展，传统银行卡收单的模式受到巨大冲击，银联商务安徽分公司却发现了其中的机会，主动接触和利用第三方支付企业的端口优势，借助自身线下收单渠道推动业务发展。近年来，安徽银联发展势头强劲，2018 年在集团内实现绩效排名第一、商户数量排第二、交易额排第四的成绩。

良好的业务量为安徽银联公司提供了丰富的数据来源。不同于传统机构，银联商务掌握着大量小微企业和个体商务的交易流水信息，借助大数据和人工智能技术，搭建了“天天富”普惠金融服务平台，连接各银行、证券、基金、保理、租赁等 40 多家金融机构，形成了开放式的金融产品提供方与商户之间的交易撮合服务平台，为银联商务服务的 800 多万中小微商户提供包括融资、理财、租赁、信用卡等在内的一站式金融服务，2018 年安徽银联“天天富”业务发生金额为 8 亿元左右。基于普惠金融服务平台，安徽银联围绕个体商户突出的资金周转问题，推出了多款普惠金融产品。第一，安徽银联联合中金国盛推出“商易融”产品，通过大数据技术和风险控制模型对商户的流水信息进行分析，在极短的时间内就能够确定商户的融资额度和贷款利率，为商户提供金融服务；第二，安徽银联针对支付结算造成的商户回款周期问题，推出“隔夜贷”产品，以商户在途回款为抵押，通过大数据确定授信额度，为商户提供短期、灵活的资金服务，该业务截至 2018 年底累计成交额达到 60 亿元；第三，借助银联商务“银杏大数据服务平台”，使用大数据和人工智能技术，在贷前、贷中、贷后等各环节提供了独具特色的大数据解决方案，该项业务服务于安徽省内多家小贷公司，在帮助金融机构有效控制风险的同时，使得更多的中小微企业能够享受到普惠金融服务，2018 年完成信息验证、信用查询 80 万笔。

## 四、金融科技助力精准扶贫

当前，脱贫攻坚已进入最为关键的阶段。脱贫攻坚战要实现全面胜利，仍面临不少困难和挑战，金融应当发挥更大作用，助力精准扶贫。近年来，农村地区产业融合加速，涉农新主体、新业态不断涌现，农村金融需求日益增长。但从整体来看，当前农村金融服务的水平难以满足农业、农村、农民发展的要求。要实现全面建成小康社会，迫切需要充分发展农村金融，让它发挥更大的支持作用。当务之急，是以银行为代表的各大金融机构积极利用大数据、云存储、人工智能等金融科技新技术，解决金融部门和农户信息不对称的问题，化解金融支农“风险大”的难题，为打赢脱贫攻坚战这场硬仗做出更大贡献。

银行等金融机构运用信息技术打造一站式金融综合服务平台，贫困农户可以实现快捷、安全、高效的信息获取，大大降低交易成本；通过大数据以及人工智能等技术，金融机构能够精准地对农户“画像”，可以对各种扶贫需求进行精准识别，灵活高效地配置扶贫资金资源；区块链技术的使用可以大大降低风险，提升交易安全性，保证相关金融机构与农户的合法权益；通过金融科技创新推动机制创新，金融机构可以为农户设计研发简便、快捷的农户小额信用贷款产品；通过智能系统完成自动审查审批、快速到账、随借随还等服务，困难农户可以真正获得便利。可以说，在支农惠农、精准扶贫中，金融科技具有大有可为的广阔空间。

### 专题 8－3　安徽省金融机构的科技扶贫探索

作为中部人口大省，安徽省的贫困问题一直较为严重，经过长期的脱贫攻坚工作，截至 2018 年底，安徽尚有 1923 个贫困村，31 个国家级和省级贫困县，扶贫攻坚的压力仍然很大。为了确保在 2020 年前实现全面脱贫，安徽省全面启动并快速推进金融扶贫攻坚工程，取得积极成效。省内各金融机构也积极参与金融扶贫工作，在利用金融科技推动精准扶贫方面做出了一系列积极的探索。

安徽省农业信用担保公司的“劝耕贷”产品是农村金融服务担保品种，主要服务种养大户、家庭农场、农民专业合作社、农业产业化龙头企业、粮食产业联合体等新型农业经营主体。长期以来，由于成本高、风险高、效益低，农村金融服务成为金融体系中的薄弱环节之一，“劝耕贷”的成功推出离不开各相关机构的通力合作。第一，各级政府为该产品提供强力支持，安徽省财政出资 20 亿元成立省农业信贷担保公司作为“劝耕贷”产品的主要发行担保方，各县乡政府通过收集分类整理提供完善的客户信息，并对部分贷款提供扶贫补贴；第二，相关银行对符合要求的客户进行尽职调查，验证信息的真实性，确定放款额度并进行贷后风险管理；第三，安徽省农业信贷担保公司负责“劝耕贷”产品的组织和协调工作，并通过综合比对确认为相关贷款提供担保服务；第四，部分金融机构如国元网金，利用互联网平台为该项目筹集低成本的资金来源。

农民工工资拖欠问题的金融解决方案。安徽省是劳务输出大省，由于信息不对称，数量庞大的农民工在金融服务中处于劣势地位，省内农民工工资拖欠的现象屡见不鲜。为了解决这一问题，安徽省内多家金融机构积极开发了一些创新性的金融服务和产品。中国工商银行安徽省分行联合淮北市共同推出安心账户托管业务，可根据事先签署的托管协议约定，开立托管账户保管资金，监督资金使用情况，对淮北财政拨款项目农民工工资资金的使用进行监控，杜绝因为资金挪用造成工资拖欠。此外，安徽银联商务也配合马鞍山市建筑行业农民工工资监管项目，推出了农民工工资监管系统，保障建筑行业农民工工资准时足额发放。

借助金融电商平台实现精准扶贫。安徽省农村信用社联合社、徽商银行、中国工商银行安徽省分行、安徽省银联商务等金融机构，纷纷借助自身的电商平台帮助农户销售农副产品，并针对重点扶贫地区的农户提供专门的产品服务，借助自身的技术、流量优势为农户提供更好的展示平台，同时通过发动员工、提供补贴和积分兑换等方式推动成交转化率。

## 五、安徽省普惠金融发展展望

大力发展普惠金融，是我国全面建成小康社会的必然要求，同时有利于促进金融业可持续均衡发展，推动大众创业、万众创新，助推经济发展方式转型升级，增进社会公平和社会和谐。为推进普惠金融发展，增强所有市场主体和广大人民群众金融服务获得感，2015 年 12 月 31 日，发布了《国务院关于印发推进普惠金融发展规划（2016—2020 年）的通知》（国发〔2015〕74 号）。在此规划的指导下，安徽省经过多年的探索，金融普惠的发展已经取得了一定的效果。但是，作为一个中部省份，安徽省整体经济发展水平仍然不高，普惠金融的发展还存在较大空间，可以从以下几个方面继续优化。

### （一）数据整合，扩大金融普惠范围

安徽省各地区普惠金融的发展水平不均衡的现象较为明显，一方面，部分地区如亳州在普惠金融方面已经做到全国领先水平；另一方面，部分县市则是参与积极性不高，工作进展缓慢。究其原因，主要是大数据基础工作不够扎实，普惠金融工作的开展高度依赖地方财政配套资金补贴，缺乏可持续的发展动力，难以形成良性的生态循环。应当在全省范围内大力推广成功地市的经验，借助建设智慧城市的东风，打通数据流通途径，构建大数据信息平台，将普惠金融扩展到全省范围。

### （二）借助科技手段提高资金使用效率

自 2016 年发布《安徽省人民政府关于推进普惠金融发展的实施意见》（皖政〔2016〕47 号）以来，安徽省出台了一系列支持和鼓励普惠金融发展的政策，中央和地方也安排了数额庞大的专项资金，2018 年和 2019 年仅安徽省财政厅就分别下达了超过 5 亿元的普惠金融发

展专项资金预算。如何提高资金使用效率，把有限的资金分配到它最需要的地方，发挥专项资金在支持普惠金融中的作用就显得尤为重要。金融监管部门和金融机构借助大数据、人工智能、区块链和云计算等金融科技手段弥补传统金融普惠中的短板，降低服务小微企业和“三农”的门槛，提高资金的使用效率已是大势所趋。

# 第九章　科技背景下的金融人才培养

金融与科技的融合带来了技术和应用的变革，改变了传统的金融业务模式，开始逐步形成金融的新业态，也对金融人才提出了更高的要求。伴随着金融科技的飞速进步和金融行业的不断完善发展，高素质金融人才的缺乏是我国金融科技在发展过程中的软肋，人才培养也成为支撑金融产业发展的重要因素。

## 第一节　金融人才的培养现状

### 一、人才素质要求不断提高

金融业作为服务行业，人才是主要的生产要素，也是其最重要的核心竞争力。长期以来，金融行业对人才的要求一直处于较高的水平。随着金融科技的发展，金融与科技之间的融合不断加深，大量的金融机构都要对金融科技加以一定的应用，这就对金融人才提出了更高的要求。未来的金融从业者不仅仅需要掌握金融专业知识，还需要有专业的技术能力，需要把科技能力植入金融业的每一个环节。不仅有赖于技术，还有赖于金融从业人员对于科技的理解。只有两者融合，才能更有效地把金融科技运用到金融机构里，未来金融机构必然需要复合型金融人才。

### 二、金融人才分布不均衡

我国金融人才的培养受到金融发展程度和教育资源等因素的影响而表现出严重的地区分布不均衡的现象，高端金融人才大量集中在北上广深以及杭州等一二线城市，中西部地区金融人才匮乏的现象尤为明显。一方面，上海、深圳等金融发达地区已经形成了人才集聚效应，金融人才的吸引力和培养速度明显快于其他地区；另一方面，2018 年以来部分发达地区加大了对于引进金融人才的补贴力度，进一步加剧了金融高端人才流动的失衡性。

### 三、金融人才供求不平衡

当下金融科技发展迅速，行业变化太快，很多金融机构的人才及其所拥有的知识技能跟当下金融科技的快速发展不相匹配，金融人才的培养跟不上行业发展，既懂金融又懂科技的复合型人才非常稀缺。另外，高校在金融科技人才培养方面跟进较慢，大部分金融科技人才都是金融机构自己培养的，每年大量从高校毕业的金融人才无法满足金融机构的用人需求。

这造成了金融人才供给的两端不平衡，即高端金融人才供不应求，低端金融人才供大于求。值得注意的是，这是全球范围内普遍存在的现象，即使是在金融最发达的美国，也存在着类似的不均衡现象。

## 第二节　金融人才的培养途径

### 一、高校金融人才培养模式

目前，高校依然是培养金融人才的主要力量。近年来，金融行业的发展和金融人才需求量的增长推动了高等院校金融专业的发展，越来越多的高校开设了金融相关专业，我国高校金融专业的发展速度也很快，甚至有部分学校的金融专业已经达到国际一流学科水平。目前我国在金融人才的培养模式做出了以下几个方面的创新和努力。

#### （一）提高专业教师水平

教师是决定高校人才培养质量的关键因素，教师的水平决定了所培养学生水平的上限，而我国高校金融专业教师普遍存在着重理论功底而轻金融实践、重科研能力而轻教学能力的问题。为此，高校纷纷着眼于提高金融专业教师团队水平，一方面，对金融专任教师提出更高的实践能力要求，并推动双师化建设；另一方面，也通过广泛地引入业界专家来丰富教师团队的组成结构。

#### （二）推进专业学位建设

目前高校高端金融人才的培养普遍存在着目标不明确的缺点，大部分金融专业的研究生培养仍然是围绕着学术研究能力展开，往往以学术论文的发表作为考核学生能力的唯一标准，所培养的人才与用人单位的实际需求差距很大。2011 年“一行三会”发布《金融人才发展中长期规划（2010—2020）》后，国务院学位委员会、教育部、人社部共同成立全国金融专业学位研究生教育指导委员会，旨在研究、指导、评估、认证和咨询全国金融专业学位教育活动，推动我国金融专业学位教育的改革与发展，促进我国金融硕士专业学位教育水平的不断提高。此后，全国各高校纷纷成立金融专业硕士学位，2018 年已经有超过两百家高校开设金融专业硕士学位，金融硕士更加注重以用人单位的实际需求为导向培养金融应用型人才。

#### （三）鼓励开设交叉学科

为了满足复合型金融人才的需求，一些高校开始尝试金融交叉学科，将计算机、统计、应用数学甚至物理学等概念、方法和理论研究与金融知识交叉融合，解决金融实际问题。其中，金融工程是最早开始的金融交叉学科之一，该专业产生的背景是 20 世纪 90 年代华尔街量化金融的兴起，使得金融机构对从业者的数理能力提出了更高的要求。金融工程专业在全球范围内的发展速度很快，国内超过百所院校开设了相关专业，成为金融交叉学科的一个成功代表。近年来，在金融科技的发展背景下，有条件的高校开始设立计算机与金融、互联网技术与金融的交叉学科。

## 二、企业内部人才培养模式

金融企业是活跃在金融第一线的组织机构，其对金融人才的要求以及培养方向能够准确把握，在培养金融人才的实践方面具有天然的优势；而金融人才同时也是金融企业的核心竞争能力，金融企业本身也有培养金融人才的强烈需求。

### （一）开展多层次金融人才培养培训

积极打造学习型企业。为了培养金融人才，一些金融机构开始制订不同岗位、不同阶段的员工培训计划，要求所有金融人才每年都参加一定工作日的学习，并将此作为晋升和轮岗的一个重要依据，通过培训加快金融人才的知识更新，适应金融业发展的趋势，有针对性地选派部分中青年金融人才去深造培训，学习先进的金融经营理念和做法，开阔金融人才视野，更新观念。

### （二）加强金融人才队伍建设组织保障

金融机构在人才培养过程中，金融人才队伍建设组织保障尤为关键。首先是明确各类型金融人才的培养顺序，优先考虑金融急需紧急人才的培养；其次是打造多渠道人才培养平台，借助外部专业力量，提高金融人才培养质量；最后是加大人才培养支持力度，宣传杰出金融人才，营造尊重支持金融人才发展创新的氛围。

### （三）建立有效的薪酬机制和激励机制

通过薪酬和激励机制鼓励金融从业者主动参加培训和进修活动。通过完善以经济效益、资产质量为核心的绩效考核指标体系，按照“效率优先，兼顾公平”的原则，建立能够体现金融人才个人收入与贡献、绩效挂钩的收入分配和奖励政策，建立健全人才激励机制，强化竞争机制。

## 三、校企结合人才培养模式

当前职业环境、创新趋势、社会发展所要求的知识能力和综合素质高度复合，但高校传统人才培养方案的课程内容却滞后于当代岗位实际供需，培养载体还局限于校内实验室、设施平台甚至课堂内部，师生普遍缺乏工程实践经历等。如果高校人才培养方案与行业企业发展相隔离，就会使得企业需求不能及时转化为人才培养改革之动力。此外，传统学生培养质量评价主体仅限于高校，评价内容也多局限于课业成绩，人才培养方案评价体系需要充分反映行业领域的声音和需求。另外，金融机构的主要精力仍然在业务开展，可在人才培养方面存在着师资、办学条件、办学经验等各种方面的不足，借助高校力量进行金融人才培养模式在未来必然发挥更大作用。

# 第三节　安徽省金融科技人才培养现状

作为教育大省，安徽省高校数量众多，其在省内招收培养的学生在未来大多服务于省内相关行业发展。据统计，金融科技相关专业的人才培养数量一直保持较高水平，不仅限于金融相关专业，还包括计算机技术相关专业。通过表 9－1 可以发现，安徽省每年本地培养的金融相关本科生人数超过 3000 人，其中金融工程和互联网金融这两个金融交叉学科已经是最重要的人才培养方向。除此之外，每年与金融科技相关的计算机专业的招生量超过一万人。

表 9－1 2019 年安徽省普通高校金融学专业本科招生人数

| 学科类别 | 招生人数（人） |
| --- | --- |
| 金融工程 | 1262 |
| 经济与金融 | 740 |
| 互联网金融 | 693 |
| 金融数学 | 70 |
| 保险学 | 170 |
| 投资学 | 304 |
| 计算机科学与技术 | 2031 |
| 软件工程 | 2059 |
| 网络工程 | 1056 |
| 信息安全 | 164 |
| 物联网工程 | 1375 |
| 通信工程 | 1551 |
| 电子信息工程 | 2403 |
| 数据科学与大数据技术 | 1512 |
| 智能科学与技术 | 978 |
| 信息与计算机科学 | 136 |
| 信息管理与信息系统 | 241 |
| 电子科学与技术 | 182 |
| 大数据管理与应用 | 51 |
| 信用管理 | 56 |

2016 年以来，安徽财经大学、铜陵学院、安徽新华学院、安徽文达学院、巢湖学院、安徽工业大学、安徽大学、安徽工程大学和合肥师范学院 9 所高校陆续设立互联网金融学院，学科交叉发展进度在全国范围内处于前列水平。此外，中国科学技术大学、合肥工业大学、安徽大学、安徽财经大学、安徽农业大学、安徽工业大学和安徽理工大学 7 所高校开设金融专业硕士学位，每年招收培养金融专业硕士研究生接近 400 人（表 9－2）。由此可见，安徽省高校在金融人才培养的规模和结构上已经较为完善。

表 9－2　2019 年安徽金融专业硕士招生情况

| 学校 | 培养学院 | 招生人数（人） |
|---|---|---|
| 中国科学技术大学 | 管理学院 | 151（全日制） |
| 合肥工业大学 | 经济学院 | 58（全日制）＋29（非全日制） |
| 安徽大学 | 经济学院 | 50（全日制） |
| 安徽财经大学 | 金融学院 | 55（全日制） |
| 安徽农业大学 | 经济管理学院 | 20（全日制）＋5（非全日制） |
| 安徽工业大学 | 商学院 | 20（全日制） |
| 安徽理工大学 | 经济管理学院 | 10（全日制） |

除此之外，安徽省内金融机构通过成立专门的培训机构和组织培训活动开展人才培养活动，例如中国工商银行安徽省分行成立了专门的金融培训学校，徽商银行建立了专门的博士后流动站等，而行业协会也在人才培养中发挥重要的作用，纷纷开展各类人才培训活动，如安徽省互联网金融协会、合肥市科技金融联盟、安徽省大数据产业联盟、安徽省云计算产业促进会等。

## 第四节　安徽省金融人才培养展望

根据前文分析，安徽省金融人才培养的总体数量较大，相对省内金融发展程度和金融机构规模而言人才数量显得较为充足，其中不乏专业金融人才、科技人才和交叉学科人才的培养。但是还存在着人才层次较低、培养方式不科学、金融机构自身人才培养力度跟不上的问题。

### 一、完善人才培养体系

借助省内高校力量，加强高端金融人才的培养。推动金融和计算机技术交叉学科人才的培养，传统的金融人才培养模式难以满足当前的金融需求，鼓励金融专业学位建设，扩大金融专业人才培养规模。培育尊重人才的氛围，鼓励金融机构从业者通过各种形式的教育培训提高能力水平。金融人才培养不应简单依赖高校，各金融机构也应当通过制定相关政策和制度，营造更加浓厚的人才培育氛围。此外，还应当遵守人才发展规律，打造基础理论和实践结合的人才培养机制，形成合理的金融人才梯队。

### 二、创新人才培养模式

金融行业的飞速发展要求培养的人才要能够符合金融机构的用人需求，培养具有相应理论知识和较强实践能力、为金融行业发展服务的专门人才，实现“即插即用”。首先，要倡导产学研结合的人才培养模式，以培养学生优良素质、综合能力和就业竞争能力为重点，充分利用学校与金融机构、科研单位等多种不同的教育环境和教育资源以及在人才培养方面的各自优势，把以课堂传授知识为主的学校教育与直接获取实际经验、实践能力为主的生产、科研实践有机结合的教育形式。其次，发挥行业协会在人才培养中的作用，帮助人才培养各方掌握人才需求情况，指导金融人才培养的重点和方向。

### 三、做好人才引进和服务

当前，高端金融人才紧缺，各地区纷纷制定了人才引进的支持政策。安徽省也应当针对自身金融人才需求情况，制定人才引进政策，加大金融科技人才的引进力度，补足金融发展的短板，发挥金融行业在经济转型升级、促进高质量发展中的支撑和引领作用。此外，安徽省还应当做好人才服务工作，做好金融行业的基础配套设施建设，通过提供具有吸引力的员工福利，重视员工职业生涯规划工作，打通人才晋升通道等方式预防人才流失。

# 参考文献

[1] 刘振海，马征．大数据在金融行业的应用现状与发展对策[J].金融电子化，2018（9）：20－21.

[2] 刘智慧，张泉灵．大数据技术研究综述[J].浙江大学学报（工学版），2014，48（6）：957－972.

[3] 电子信息产业网．大数据的四个典型特征．http：//www.cena.com.cn/ia/20121204/32184.html.

[4] 杨涛，贲圣林，杨东，等．中国金融科技运行报告（2018）[M].北京：社会科学文献出版社，2018.

[5] 石勇，陈懿冰．大数据技术在金融行业的应用及未来展望[J].金融电子化，2014（7）：22－23.

[6] 雷晨光，陈运娟．大数据时代下商业银行客户关系管理思维变革[J].金融与经济，2015（4）：63－65.

[7] 陈昆德，黄传超．商业银行智能客服个性化服务探路[J].中国银行业，2018，56（8）：95－96.

[8] 黄庆华，陈婉莹．基于互联网金融平台的大数据征信应用研究——以蚂蚁金服为例[J].科技与经济，2017（3）：59－63.

[9] 网贷之家．2018年中国网络借贷行业年报．https：//www.wdzj.com/news/yc/3693772.html.

[10] 卢芮欣．大数据时代中国征信的机遇与挑战[J].金融理论与实践，2015（2）：103－107.

[11] 刘新海，丁伟．大数据征信应用与启示——以美国互联网金融公司ZestFinance为例[J].清华金融评论，2014（10）：93－98.

[12] 缪苗．大数据背景下供应链金融特点及发展趋势分析[J].金融经济：下半月，2015（9）：89－90.

[13] 袁勇，王飞跃．区块链技术发展现状与展望[J].自动化学报，2016，42（4）：481－494.

[14] 宫晓林，杨望，曲双石．区块链的技术原理及其在金融领域的应用[J].国际金融，2017（2）：46－54.

[15] 李杨，孙国峰，朱烨东．中国金融科技发展报告（2018）[M].北京：社会科学文献出版社，2018.

[16] 闫俊宏，许祥秦．基于供应链金融的中小企业融资模式分析[J].上海金融，2007（2）：14－16.

[17] 朱兴雄，何清素，郭善琪．区块链技术在供应链金融中的应用[J].中国流通经济，2018（3）：111－119.

[18] 周立群，李智华．区块链在供应链金融的应用[J].信息系统工程，2016（7）：49－51.

[19] 赵增奎．以区块链技术推动互联网金融稳健发展研究[J].经济纵横，2017（11）：118－123.

[20] 刘瑜恒，周沙骑．证券区块链的应用探索、问题挑战与监管对策[J].金融监管研究，2017（4）：89－109.

[21] 万国华，孙婷．“区块链＋证券”的理想、现实与监管对策研究[J].上海金融，2017（6）.

[22] 陈全，邓倩妮．云计算及其关键技术[J].计算机应用，2009，29（9）：2562－2567.

[23] 谢世清．论云计算及其在金融领域中的应用[J].金融与经济，2010（11）：9－11.

[24] 张建勋，古志民，郑超．云计算研究进展综述[J].计算机应用研究，2010，27（2）：429－433.

[25] 丁华明．金融科技助推支付清算行业升级[J].中国金融，2018（16）：59－61.

**图书在版编目(CIP)数据**

安徽省金融科技发展报告.2018/安徽省互联网金融协会,合肥工业大学经济学院,安徽大学经济学院编著.—合肥:合肥工业大学出版社,2019.12

ISBN 978-7-5650-4701-5

Ⅰ.①安… Ⅱ.①安…②合…③安… Ⅲ.地方金融—科技发展—研究报告—安徽—2018 Ⅳ.①F832.754

中国版本图书馆CIP数据核字(2019)第261015号

**安徽省金融科技发展报告(2018)**

安徽省互联网金融协会
合肥工业大学经济学院 编著
安徽大学经济学院

责任编辑 刘 露

| | | | |
|---|---|---|---|
| 出 版 | 合肥工业大学出版社 | 版 次 | 2019年12月第1版 |
| 地 址 | 合肥市屯溪路193号 | 印 次 | 2019年12月第1次印刷 |
| 邮 编 | 230009 | 开 本 | 889毫米×1194毫米 1/16 |
| 电 话 | 综合编辑部:0551-62903028 | 印 张 | 7.75 |
| | 市场营销部:0551-62903198 | 字 数 | 172千字 |
| 网 址 | www.hfutpress.com.cn | 印 刷 | 安徽联众印刷有限公司 |
| E-mail | hfutpress@163.com | 发 行 | 全国新华书店 |

ISBN 978-7-5650-4701-5 定价:45.00元